Aleksandra Woźniak

Przegląd narzędzi Big Data do analizy rozproszonych danych o kliencie

Aleksandra Woźniak

Przegląd narzędzi Big Data do analizy rozproszonych danych o kliencie

Porównanie narzędzi Big Data do analizy rozproszonych danych o konsumencie w polskich i zagranicznych przedsiębiorstwach

Wydawnictwo Bezkresy Wiedzy

Impressum / Imprint
Bibliografische Information der Deutschen Nationalbibliothek: Die Deutsche Nationalbibliothek verzeichnet diese Publikation in der Deutschen Nationalbibliografie; detaillierte bibliografische Daten sind im Internet über http://dnb.d-nb.de abrufbar.

Informacja bibliograficzna Niemieckiej Biblioteki Narodowej: Niemiecka Biblioteka Narodowa rejestruje tę publikację w Niemieckiej Bibliografii Narodowej; szczegółowe informacje bibliograficzne dostępne są w Internecie na stronie http://dnb.d-nb.de.

Coverbild / Okładka: www.ingimage.com

Verlag / Wydawnictwo:
Wydawnictwo Bezkresy Wiedzy
ist ein Imprint der / jest znakiem handlowym
OmniScriptum GmbH & Co. KG
Bahnhofstraße 28, 66111 Saarbrücken, Deutschland / Niemcy
Email: info@bezkresywiedzy.com

Herstellung: siehe letzte Seite /
Druk: patrz ostatnia strona
ISBN: 978-3-639-89220-8

Spis treści

Wstęp

Big Data to termin odnoszący się do dużych, zmiennych, szybko napływających i różnorodnych zbiorów danych, których przetwarzanie i analiza jest trudna, ale jednocześnie wartościowa, ponieważ może prowadzić do zdobycia nowej wiedzy[1]. Pojęcie to już od kilku lat zyskuje na aktualności, ponieważ coraz więcej danych jest przechwytywanych i gromadzonych, a tani sprzęt (*commodity hardware*) odpowiednio zestawiony, pozwala zwiększyć wolumen przetwarzanych danych[2]. Ponadto, popularne staje się także „otwarte oprogramowanie" (*open source*), do którego wszyscy mają swobodny dostęp[3] i dzięki któremu można takie dane analizować. Firmy zaczynają powoli odnosić wymierne korzyści biznesowe płynące z praktycznego wdrożenia rozwiązań Big Data w ich działalności operacyjnej.

Celem pracy jest porównanie narzędzi i oprogramowania dedykowanych Big Data, stosowanych obecnie do analizy rozproszonych danych o konsumencie w Polsce i na świecie.

W rozdziale pierwszym zdefiniowano pojęcie „Big Data" – to termin odnoszący się do dużych, zmiennych i różnorodnych zbiorów danych, które wymagają nowych form przetwarzania w celu wspomagania podejmowania decyzji, odkrywania nowych zjawisk oraz optymalizacji procesów[4]. Przedstawiono główne cechy, jakimi się Big Data charakteryzuje. Pokrótce został opisany rynek dostawców narzędzi i oprogramowania Big Data na świecie, a także sam rynek pod kątem jego wartości i prognozowanej dynamiki rozwoju.

---

1 http://pl.wikipedia.org/wiki/Big_data, (27.04.2015).

2 *Narzędzia i trendy Big Data*, Big Data Summit 25.03.2015, http://bigdatasummit.pl/pdf2015/Prezentacja2.pdf, (27.04.2015).

3 Każdy ma prawo do legalnego oraz darmowego uruchamiania, kopiowania, rozpowszechniania, analizowania, modyfikowania oraz ulepszania i rozbudowy istniejących produktów, http://blog.evolpe.pl/open-source-przyszlosc-oprogramowania/, L. Ching-Yung *Overview of Big Data Analytics*, 04.09.2014, http://www.ee.columbia.edu/~cylin/course/bigdata/EECS6893-BigDataAnalytics-Lecture1.pdf, (27.04.2015).

4 L. Doug, *The Importance of 'Big Data': A Definition,* Gartner, 21.06.2012, https://www.gartner.com/doc/2057415/importance-big-data-definition, (02.05.2015).

Rozdział drugi zawiera charakterystykę głównych narzędzi i oprogramowania Big Data używanych obecnie w Polsce i na świecie. Są nimi: Apache Hadoop, bazy NoSQL i bazy danych o masywnym przetwarzaniu równoległym (MPP). Przybliżono także, czym jest przetwarzanie w chmurze (*cloud computing*) i zaprezentowano aktualne kluczowe trendy.

Rozdział trzeci został poświęcony praktycznym zastosowaniom narzędzi i oprogramowania Big Data do analizy danych rozproszonych o kliencie w Polsce i na świecie. Przedstawione zostały wyniki badania ankietowego przeprowadzonego w okresie kwiecień-maj 2015. Badanie miało na celu zgromadzenie informacji na temat używanych obecnie narzędzi Big Data w polskich i zagranicznych przedsiębiorstwach i instytucjach, sprawdzeniu, jakie dane są poddawane analizie. Ankietę wysłano do ponad 100 firm w Polsce i 50 za granicą. Uzyskano odpowiedzi od 55 polskich respondentów i 19 zagranicznych. Zaprezentowane zostały narzędzia, jakie są obecnie najczęściej stosowane w polskich i zagranicznych przedsiębiorstwach, w tym także według różnych branż, min. narzędzia wspomagające proces pozyskania danych rozproszonych dla baz danych, do Business Intelligence i dużych hurtowni danych, do gromadzenia danych i baz typu No SQL/ New SQL, do zarządzania danymi Big Data, do analizy danych Big Data, do Business Intelligence i wizualizacji.

Literatura, na podstawie której napisano pracę, obejmuje zarówno pozycje książkowe, jak również artykuły opublikowane w gazetach i w Internecie. Podczas pisania pracy wykorzystano także materiały (wykłady) ze studiów podyplomowych „Inżynieria danych – Big Data" w Szkole Głównej Handlowej w Warszawie (edycja I – rok 2014/2015).

Rozdział I. Big Data – ogólna charakterystyka

W związku z narastającym gwałtownie zainteresowaniem Big Data, wielu naukowców i firm z branży IT podjęło próby rozpoznania i opisania tego terminu. Charakterystyka i definicje przez lata ewoluowały. Interpretując Big Data, należy się odnieść do nowych rozwiązań technologicznych dotyczących przetwarzania wielkich wolumenów danych o całkowicie innym charakterze (ilościowym i jakościowym) niż dotychczas[5]. W pracy zaprezentowane zostały wybrane definicje oraz propozycja definicji wraz z atrybutami, które charakteryzują Big Data[6].

I.1. Definicja Big Data

Poniżej przedstawiono kilka popularnych definicji Big Data. Jedna z pierwszych definicji Big Data została wprowadzona przez M. Cox i D. Ellsworth. Autorzy traktują Big Data jako duże dane do analizowania, których liczbę należy maksymalizować w celu wydobycia wartości informacyjnych[7].

Inną propozycję definicji wysunął analityk pracujący dla Gartner w 2001 r., ówcześnie META Group (firmy analityczno-doradczej specjalizującej się w technologiach informacyjnych). Big Data to duże zbiory danych, których przetwarzanie wymaga zastosowania specjalistycznego oprogramowania. Big Data ma zastosowanie wszędzie tam, gdzie dużej ilości cyfrowych danych towarzyszy potrzeba zdobywania nowych informacji lub wiedzy[8]. Definicję oparł na koncepcji trzech atrybutów w modelu „3V". Big Data charakteryzują atrybuty: duża objętość

---

[5] McKinsey Global Institute, *"Big Data: The Next Frontier for Innovation, Competition, and Productivity"*, June 2011, s 1.

[6] M. Tabakow, J. Korczak, B. Franczyk, *Big Data – Definicje, Wyzwania i Technologie Informatyczne*, Informatyka Ekonomiczna Business Informatics 1(31), 2014, s. 140, http://www.dbc.wroc.pl/Content/25191/Tabakow_Big_Data_definicje_wyzwania_i_technologie.pdf, (27.04.2015).

[7] M. Cox., D. Ellsworth, *Managing Big Data for Scientific Visualization*, 1997, ACM SIGGRAPH '97 Course #4, Exploring Gigabyte Datasets in Real-Time: Algorithms, Data Management, and Time-Critical Design, Los Angeles.

[8] M. Michalski, *BIG DATA w SM WARSZAWA*, 06.06.2014, http://www.sabi.org.pl/attachments/File/do_pobrania/seminaria_prezentacje/BIGDATA_SABI_SM.pdf, (27.04.2015).

danych (*volume*), duża różnorodność (*variety*), duża zmienność danych/szybkość napływania nowych danych (*velocity*)[9]. Następnie w roku 2012 firma Gartner wprowadziła dodatkowe dwa wymiary odnoszące się do dużych danych: zmienność (*variability*) i złożoność (*complexity*)[10].

Według O'Reilly, Big Data to dane, które przekraczają możliwości przetwarzania konwencjonalnych systemów bazodanowych. Dane są zbyt duże, poruszają się zbyt szybko, albo nie pasują do struktur istniejącej architektury baz danych. Aby uzyskać z nich wartość, należy wybrać alternatywny sposób ich przetwarzania[11].

Big Data to duża liczba danych, która wymaga zastosowania nowych technologii i architektur, tak by była możliwa ekstrakcja wartości płynącej z tych danych poprzez uchwycenie i analizę procesu - to sentencja, jaką przedstawiają autorzy publikacji „*Big Data: Issues, Challenges, Tools and Good Practices*"[12].

Kolejną definicję Big Data zaprezentowali Bifet i Fan[13], opisując Big Data jako termin oznaczający zbiory danych, którymi nie można zarządzać za pomocą obecnych metod eksploracji lub narzędzi programowych ze względu na duży rozmiar i złożoność danych.

Firma IBM w 2013 r. zdefiniowała Big Data jako różnorodne dane generowane z różnych źródeł, z dużą prędkością oraz w dużej ilości. IBM charakteryzuje Big Data za pomocą czterech atrybutów: objętość, szybkość przetwarzania, różnorodność oraz wiarygodność (*veracity*).

---

[9] L. Doug, *Data Management: Controlling Data Volume, Velocity, and Variety, „Application Delivery Strategies"*, META Group (obecnie Gartner), 2001, http://blogs.gartner.com/doug-laney/files/2012/01/ad949-3D-Data-Management-Controlling-Data-Volume-Velocity-and-Variety.pdf, (02.05.2015).
[10] L. Doug, *The Importance...*, op. cit.
[11] O'Reilly Media Inc. *Big Data Now: 2012 Edition*, s. 3, http://www.oreilly.com/data/free/files/big-data-now-2012.pdf, (27.04.2015).
[12] A. Katal, M. Wazid, R.H. Goudar, *Big Data: Issues, Challenges, Tools and Good Practices*, Sixth International Conference on Contemporary Computing (IC3), IEEE, Noida, 2013, s. 404-409.
[13] W. Fan, A. Bifet, 2012, *Mining big data: current status, and forecast to the future*, „ACM SIGKDD Explorations Newsletter", SIGKDD Explorations, ACM, New York, USA, 2012, vol. 14, issue 2, s. 1-5.

SAS określa Big Data jako tendencje do poszukiwania i wykorzystania wartości biznesowej drzemiącej w dostępnych, coraz większych wolumenach danych, które charakteryzują się dużą zmiennością i złożonością. SAS opisując Big Data, zwraca uwagę na dodatkowe dwa atrybuty: zmienność oraz złożoność[14].

Definicja firmy Hewlett Packard to: "Big Data jest klasą wyzwań dla danych, ze względu na ich rosnącą ilość, prędkość, różnorodność i stopień złożoności, które są poza możliwościami tradycyjnego oprogramowania, architektury i procesów, aby skutecznie nimi zarządzać i je wykorzystywać"[15].

Minelli, Chambers i Dhiraj zdefiniowali Big Data jako hurtownię danych następnej generacji i analitykę biznesową gotową, aby dostarczyć najwyższe przychody, efektywnie pod względem kosztów dla przedsiębiorstw[16].

Według McKinsey Global Institute, pojęcie Big Data odnosi się do zbiorów danych, których rozmiary przekraczają zdolności zwyczajnych narzędzi do ich gromadzenia, przechowywania, zarządzania i analizowania[17].

Na podstawie analizy definicji pojęcia Big Data można zauważyć, iż pojedynczo nie odzwierciedlają one w pełni tej problematyki. Nie można też wskazać na konkretną ilość bajtów, od których można mówić o dużych ilościach danych, gdyż tempo ich przyrostu jest zbyt wielkie[18]. W związku z tym, poniżej przedstawiona została propozycja definicji Big Data.

---

[14] M. Tabakow, J. Korczak, B. Franczyk, *Big Data...*, op. cit., s. 141.
[15] S. Pawlak, Czym jest informacja?, 2012, http://www.wyzwaniait.pl/prezentacje/Informacja-Sebastian_Pawlak.pdf, (03.05.2015).
[16] M. Minelli, M. Chambers; A. Dhiraj; *Big Data, Big Analytics: Emerging Business Intelligence and Analytic Trends for Today's Businesses*; Wiley 2012, s.1, http://media.johnwiley.com.au/product_data/excerpt/0X/11181476/111814760X-117.pdf, (03.05.2015).
[17] McKinsey Global Institute, *"Big Data: The Next Frontier for Innovation, Competition, and Productivity"*, June 2011, s 1.
[18] Cisco, *Cisco Visual Networking Index: Global Mobile Data Traffic Forecast Update, 2011-2016*, 2012, http://www.cisco.com/c/en/us/solutions/service-provider/visual-networking-index-vni/index.html, (27.04.2015).

Big Data to określenie stosowane dla takich zbiorów danych, które jednocześnie charakteryzują się dużą objętością, różnorodnością, strumieniowym napływem w czasie rzeczywistym, zmiennością, złożonością, jak również wymagają zastosowania innowacyjnych technologii, narzędzi i metod informatycznych w celu wydobycia z nich nowej i użytecznej wiedzy[19].

I.2. Cechy charakterystyczne Big Data

Termin Big Data jest charakteryzowany przede wszystkim kilkoma kluczowymi atrybutami, takimi jak: objętość (*volume*), różnorodność (*variety*), złożoność (*complexity*), strumień/szybkość (*velocity*), zmienność (*variability*) i wartość (*value*). Big Data należy rozumieć jako techniki łączące rozwiązania z poniższych obszarów charakteryzujących dane. Poniżej przedstawiono definicje cech Big Data.

Objętość (*volume*) - charakteryzuje się znaczącą dynamiką przyrostu danych, dla których wymagane są nowe technologie bazodanowe[20].

Od początku naszej cywilizacji do 2003 ludzkość wygenerowała około 5 eksabajtów danych (2,5 x 10^6). Obecnie taka ilość powstaje co 2 dni i ciągle rośnie[21]. Badania wskazują, że liczba danych do 2020 r. wzrośnie do 40 zetabajtów, co oznacza 50-krotny wzrost od początku 2010 r. (Rysunek 1). Do 2020 roku około jedna trzecia wszystkich danych będzie przechowywana bądź przetwarzana w chmurze[22].

---
[19] M. Tabakow, J. Korczak, B. Franczyk, *Big Data...*, op. cit., s. 141.
[20] Ibidem, s. 142.
[21] Eric Schmidt, Prezes Wykonawczy Google, http://techcrunch.com/2010/08/04/schmidt-data/, (27.04.2015).
[22] B. Czapiewski B., *Big Data – duże liczby, nowe możliwości, nowe narzędzia*, 27.01.2015, http://skutecznераporty.pl/blog/big-data-duze-liczby-nowe-mozliwosci-nowe-narzedzia/, (27.04.2015).

Rysunek 1. Wzrost rynku danych Big Data w zetabajtach do 2020 roku

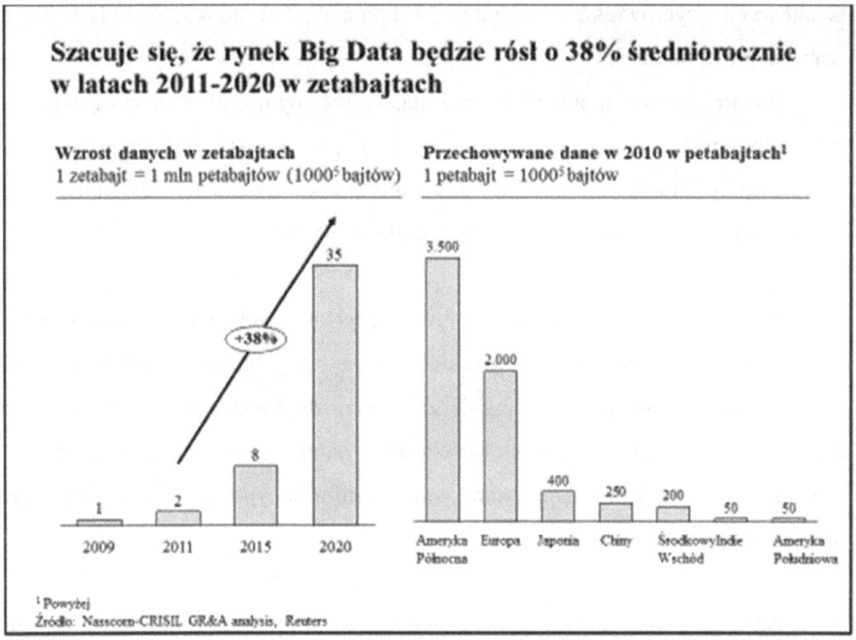

Źródło: Opracowanie własne na podstawie http://blog.thomsonreuters.com/index.php/big-data-graphic-of-the-day/, (27.04.2015).

Google przetwarza codziennie ponad 24 petabajtów danych, a Walmart (amerykańska sieć supermarketów) w każdej godzinie przetwarza milion transakcji swoich klientów[23].

Facebook (serwis społecznościowy, 1,4 mld użytkowników, (FB)) co godzinę dostaje do przetworzenia ponad 10 milionów nowych fotografii, a jego użytkownicy każdego dnia klikają na przycisk „lubię to" lub komentują coś prawie 3 miliardy razy, informując (mimowolnie) świat o swoich preferencjach. Według IBM, codziennie użytkownicy FB klikają „share" blisko 650 tysięcy razy na minutę oraz dodają 100 terabajtów (TB) danych dziennie. W Polsce z Facebooka korzysta

[23] *Big Data Meets Big Data Analytics*, http://www.sas.com/resources/whitepaper/wp_46345.pdf, (28.04.2015).

obecnie miesięcznie ponad 17 mln użytkowników[24], a około 40% polskich internautów jest obecnych na którymś z portali społecznościowych. Około 50% światowych użytkowników Internetu ma konto na Facebooku. W Polsce już 86% firm ma profil na FB[25].

Twitter (serwis społecznościowy udostępniający usługę mikroblogowania, 302 mln aktywnych użytkowników miesięcznie) generuje 12 TB danych dziennie. Użytkownicy Twittera, tworzą 500 milionów „tweetów" dziennie. Liczba wiadomości na Twitterze rośnie co roku o około 200%[26].

Szybkość (*velocity*) – dane napływają szybko, strumieniowo, które w związku z procesami biznesowymi wymagają dodatkowej mocy obliczeniowej do ich analizy w czasie rzeczywistym (lub w czasie zbliżonym do rzeczywistego). Dane, które w związku z ograniczoną przepustowością sieci należy poddawać szybkiej analizie i wybierać tylko te, które mają istotną wartość informacyjną czy biznesową z punktu widzenia danej organizacji.

W Youtube'ie (serwis internetowy firmy Google, który umożliwia bezpłatne umieszczanie i odtwarzanie strumieniowe filmów) umieszczane są co minutę materiały wideo trwające łącznie aż 72 godziny[27].

Różnorodność (*variety*) – dane pochodzą z wielu źródeł (są rozproszone), często występują w różnych formatach i są zapisywane za pomocą różnych modeli oraz wyrażane w dowolnej formie, np. liczbowo, tekstowo, obrazowo, dźwiękowo

---

[24] T. Wojtas, *Onet-RASP z mniejszą przewagą nad Wirtualną Polską, w dół Facebook (Megapanel z marca)*, 15.05.2015, http://www.wirtualnemedia.pl/artykul/onet-rasp-z-mniejsza-przewaga-nad-wirtualna-polska-w-dol-facebook-megapanel-z-marca#, (13.06.2015).

[25] Deloitte, Raport Digital Trends, *Trendy wpływające na handel elektroniczny i gospodarkę internetową*, 2013, http://www2.deloitte.com/pl/pl/pages/technology-media-and-telecommunications/articles/Raport-Digital-Trends.html, (28.04.2015).

[26] Grey Tree Sp. z o.o., *Big Data w strategii marketingu i produktów*, http://www.slideshare.net/dariuszgozlinski/big-data-greytreehow-bigslideshare, (29.04.2015).

[27] Ibidem.

oraz generowane w różny sposób[28]. Nie da się ich ująć w tradycyjne, relacyjne struktury. Mogą to być dane z sieci społecznościowych, obrazy, dane sensoryczne[29].

Przykładem źródeł i różnego sposobu generowania danych są:

- dane tzw. wewnętrzne organizacji, przechowywane w bazach danych, np. transakcyjne, księgowe, kadrowe,
- dane ze źródeł zewnętrznych: internetowe, z wyszukiwarek, tworzone przez użytkowników Internetu; można tutaj wymienić: „tweety", blogi (ponad 150 mln publicznych blogów na świecie), fora internetowe, sieci społecznościowe (np. Facebook), linki[30],
- dane z urządzeń mobilnych: ponad 5 mld telefonów komórkowych jest w użyciu na całym świecie. Każde połączenie, wiadomość, sms jest rejestrowany jako dana. Urządzenia mobilne, zwłaszcza smartfony i tablety, także ułatwiają korzystanie z mediów społecznościowych i innych aplikacji do generowania danych. Urządzenia mobilne również gromadzą i przekazują dane o lokalizacji. W Polsce w 2013 roku w użyciu było 8 mln smartfonów (wzrost o 2 mln w ciągu roku), co oznacza penetrację rynku na poziomie 31%. Dla porównania w USA jest to 50%. W tej chwili udział smartfonów i tabletów w globalnym rynku urządzeń do łączenia się z Internetem wynosi 65%, a za cztery lata będzie to 70%. Już teraz 80% użytkowników deklaruje, że używa kilku ekranów do łączenia się z siecią. To wszystko ma również wpływ na handel. Rośnie liczba osób, które przed podjęciem decyzji o zakupie towaru sprawdzają oferty i ceny w swoich tabletach i smartfonach. W Polsce z takiej opcji korzysta 10% osób, ale już w grupie 16-30 lat odsetek ten wynosi 25%[31],
- dane lokalizacyjne (np. dane z urządzeń mobilnych, dane geoprzestrzenne),
- obrazy (np. video, zdjęcia satelitarne, dane z monitoringu),
- dane o łańcuchach dostaw (np. Elektroniczna Wymiana Danych (*Electronic Data Interchange*, EDI), katalogi dostawców, cenniki, informacje o jakości),

---

[28] M. Tabakow, J. Korczak, B. Franczyk, *Big Data...*, op. cit., s. 142.

[29] Dr J. Olejniczak, *Big Data Analiza Dużych Zbiorów Danych*, wykład w ramach studiów podyplomowych „Inżynieria danych – Big Data" w Szkole Głównej Handlowej w Warszawie (edycja I – rok 2014/2015).

[30] M. Tabakow, J. Korczak, B. Franczyk, *Big Data...*, op. cit., s. 142.

[31] Deloitte, Raport Digital Trends, *Trendy...*, op. cit..

- dane pochodzące z urządzeń (np. sensory, mierniki energii, serwery – tworzą półstrukturalne logi danych, które odnotowują każdą akcję),
- dane mające swoje źródło w placówkach służby zdrowia (dane pacjenta – ustrukturalizowane np. z baz danych, notatki lekarzy, pielęgniarek – nieustrukturalizowane (dane tekstowe), wyniki badań – np. obrazy, wykresy, dane sensoryczne)[32],
- dane z wszelkich transakcji (w tym online): ich źródłem mogą być sklepy, usługodawcy, instytucje finansowe[33]. Każda transakcja tworzy wiele punktów danych zbieranych przez firmy z branży detalicznej, banki, biura informacji kredytowej i innych,
- dane z głębokiego Internetu (*Deep Web data*), które nie są indeksowane przez standardowe wyszukiwarki[34]. Można wśród nich wyróżnić pochodzące z dynamicznych stron internetowych, odłączone treści na stronach internetowych, niezwiązane z innymi stronami, prywatne strony WWW, do których dostęp jest możliwy po zalogowaniu, lub strony o ograniczonym dostępie, gdzie aby przejrzeć ich zawartość, należy uprzednio wpisać sekwencję znaków,
- dane z wykresów, tworzone przez dużą liczbę węzłów informacyjnych i powiązań między nimi[35].

Zmienność (*variability*) – dane, których natężenie jest zmienne w czasie, a przepływy danych podlegają okresowym cyklom i trendom, a także szczytom, co związane jest również z dynamiką procesów i zmian gospodarczych czy politycznych. Przykładem może być sprzedaż produktów i usług w okresie Bożego Narodzenia, wzmożona aktywność w mediach społecznościowych towarzysząca

---

[32] Dr J. Olejniczak, *Big Data...*, op. cit.
[33] C. Chang, M. Kayed, M.R. Girgis, K.F. Shaalan, 2006, *A survey of web information extraction systems.* „IEEE Transactions on Knowledge and Data Engineering", IEEE, vol. 18, issue 10, s. 1411-1428.
[34] B. He, M. Patel, Z. Zhang, K.C.C. Chang, 2007, *Accessing the deep web*, „Communications of the ACM", ACM, New York, USA, vol. 50, issue 5, s. 94-101.
[35] C.C. Aggarwal, H. Wang, 2010, *Graph Data Management and Mining: A Survey of Algorithms and Applications*, „Managing and Mining Graph Data", Series: Advances in Database Systems, Vol. 40, Springer, s. 13-68.

wyborom parlamentarnym, nagłe „ruchy" na giełdzie czy okresowa rotacja portfeli inwestycyjnych.

Złożoność (*complexity*) – złożoność danych jest ściśle związana z różnorodnością. Charakteryzuje się różnym uporządkowaniem danych. Są to m.in. dane o określonej strukturze, mające określony typ i format, dane o mieszanej strukturze, częściowo uporządkowane (*semi-structured*, *„quasi" structured*), posiadające pewne właściwości organizacyjne oraz dane niemające naturalnej struktury (*unstructured*), które należy zintegrować w celu odkrycia nieznanych relacji, powiązań i hierarchii.

Do danych strukturalnych należą: numery telefonów, PESEL, numer karty kredytowej – zawsze zawierają one zdefiniowaną liczbę pól. Dane o mieszanej strukturze to np. pliki XML, e-mail, EDI. Natomiast dane niestrukturalne to: dokumenty, pliki wideo i zdjęcia. Ekstrakcja informacji z tych surowych treści oraz odpowiednio dobrane do nich metody są niezbędne do dalszego przetwarzania informacji przez algorytmy analizy[36] [37].

Większość danych to dane nieustrukturyzowane. Stanowią one około 80%-90% wszystkich nowo powstających danych. Ilość danych nieustrukturyzowanych rośnie w tempie wykładniczym, przy czym wzrost danych ustrukturyzowanych ma charakter zbliżony do liniowego[38].

Wartość (*value*) – unikatowa wartość informacyjna ukryta w dużych i złożonych strukturach danych, dająca możliwość wyciągania nowych wniosków, które następnie przyczyniają się do wzrostu efektywności działania organizacji na różnych płaszczyznach. Można wskazać niektóre elementy działalności przedsiębiorstwa, na które ma wpływ wykorzystanie wartości, jakie niesie Big Data:

---

[36] C. Chang, M. Kayed, M.R. Girgis, K.F. Shaalan, 2006, *A survey...*, op. cit., s. 1411-1428.
[37] A. Labrinidis, H. Jagadish, 2012, *Challenges and opportunities with big data, Proceedings of the VLDB Endowment*, VLDB Endowment, vol. 5, issue 12, s. 2032-2033.
[38] Dr J. Olejniczak, *Big Data...*, op. cit.

efektywniejszy wewnętrzny model biznesowy, model doboru kadr, spersonalizowana oferta dla klientów, strategia marketingowa i konkurencyjna. Dodatkowo, można zauważyć kolejną zaletę związaną ze stosowaniem Big Data w organizacji: dzięki Big Data można odpowiedzieć niemal natychmiast na stawiane pytania czy zdefiniowane problemy biznesowe. Wartość jest istotnym atrybutem Big Data. Może być rozumiana jako unikalna wiedza z naukowego punktu widzenia, jak i wartość informacyjna będąca korzyścią biznesową, mającą wpływ na obniżenie kosztów działalności organizacji czy na poprawę relacji biznesowych i zysków[39].

Inwestycje w Big Data, właściwie skierowane, mogą przyczynić się do osiągnięć naukowych i biznesowych na wielu płaszczyznach. Współczesne podmioty muszą sprostać tym wyzwaniom, aby mogły stanowić konkurencję na rynku, zarówno krajowym, jak i międzynarodowym. Big Data to nowe wyzwanie i możliwości informacyjne[40]. Prawidłowa interpretacja danych może odegrać kluczową rolę w gospodarce światowej i lokalnej, polityce społecznej oraz w przedsiębiorstwach. W zarządzaniu większa dostępność danych to dokładniejsza analiza i lepsze decyzje prowadzące do większej wydajności operacyjnej, obniżenia kosztów i zmniejszenia ryzyka[41]. Z raportu *„Big Data, Big Impact"*, opublikowanego w 2012 r. przez The World Economic Forum, wynika że dane stanowią nową klasę ekonomicznych aktywów. Jednak, aby w pełni wykorzystać możliwości Big Data, należy traktować zagadnienie kompleksowo i opracowywać koncepcję architektoniczną, czyli szkielet działania systemu informatycznego, od podstaw dla konkretnej branży czy zastosowania.

Analizując obszary wykorzystania możliwości Big Data, trudno wymienić wszystkie. Niewątpliwie są to: usługi finansowe, telekomunikacja, rozrywka,

---

[39] M. Tabakow, J. Korczak, B. Franczyk, *Big Data...*, op. cit., s. 143.
[40] C. Jinchuan, C.Yueguo, D. Xiaoyong, L. Cuiping, L. Jiaheng, Z. Suyun, Z. Xuan, 2013, *Big data challenge: a data management perspective*, „Frontiers of Computer Science", SP Higher Education Press, vol. 7, issue 2, s. 157-164.
[41] M. Tabakow, J. Korczak, B. Franczyk, *Big Data...*, op. cit., s. 144.

motoryzacja, rynek detaliczny, edukacja, zdrowie, rolnictwo, bezpieczeństwo[42], „inteligentne" zarządzanie, planowanie miejskie, logistyka w transporcie, modelowanie środowiska, oszczędzanie energii, wody[43]. Dane zgromadzone w wielu niekompatybilnych ze sobą systemach, bazach i serwisach internetowych zostają przetworzone i połączone, dając spójny obraz badanej sytuacji, firmy czy osoby.

Jednym z pionierów Big Data na świecie, obok takich gigantów internetowych, jak Amazon, Google czy eBay, była amerykańska sieć handlowa Wal-Mart. Firma przy pomocy dużych zbiorów danych zaczęła prognozować popyt na swoje poszczególne produkty, a także przewidywać sprzedaż nowowprowadzanych towarów na podstawie informacji pochodzących z Internetu. Sieci handlowe, w tym nawet marki luksusowe (m.in. Burberry), dzięki Big Data poznają preferencje klientów i śledzą efektywność łańcuchów dostaw. Niektóre źródła podają, że dzięki temu narzędziu, sprzedawcy mogą podnieść swoje marże nawet o 60%[44].

Innym z przykładów może być sytuacja Tesco (brytyjska sieć hipermarketów i supermarketów) w Malezji, które miało problem z odbudowaniem lojalności wśród klientów. By jak najlepiej spersonalizować ofertę, Tesco rozpoczęło analizy trendów rynkowych, danych z kart lojalnościowych, które prezentowały jak, kiedy i co kupowali ich klienci. W efekcie udało im się reaktywować 3000 klientów, a ich lojalność wzrosła o 30%. Z kolei T-mobile (sieć telefonii komórkowej) w USA, dzięki analizie danych z systemów CRM i mediów społecznościowych, zmniejszył o 50% liczbę rezygnacji klientów z usług firmy[45].

Różnorodne, wiarygodne informacje o życiu klienta są skutecznie wykorzystywane też przez instytucje finansowe. Przy podejmowaniu decyzji o możliwości udzielenia kredytu mogą mieć znaczenie, poza informacjami na temat

[42] Focus, *8 zastosowań Big Data, o których nie miałeś pojęcia,* 14.05.2015, http://www.focus.pl/technika/8-zastosowan-big-data-o-ktorych-nie-miales-pojecia-12510?strona=3, (27.05.2015).
[43] A. Labrinidis, H. Jagadish, 2012, *Challenges...,* op. cit., s. 2032-2033.
[44] C. Tchorek-Helm, *Big Data dla MŚP,* 12.12.2013, http://www.polskieradio.pl/111/1896/Artykul/1001525,Big-Data-dla-MSP/?utm_source=box&utm_medium=link&utm_campaign=related, (23.05.2015).
[45] B. Czapiewski, *Big Data...,* op. cit..

zarobków czy wykształcenia, również dane dotyczące trybu życia, zainteresowań, czy znajomości zawieranych przez potencjalnego klienta. Kopalnią informacji o konsumentach: ich zwyczajach zakupowych, potrzebach, pasjach, kontaktach towarzyskich, a nawet miejscu przebywania są media społecznościowe[46]. Dokładniejsze poznanie klienta pozwala firmom finansowym na zminimalizowanie podejmowanego ryzyka, dając przy tym możliwość zaoferowania mu najlepiej dostosowanej do jego potrzeb usługi[47].

Definicja Big Data w dalszym ciągu ewoluuje w wyniku powstawania nowych źródeł informacji, rozszerzania się zakresu zastosowań i rozwoju technologii informacyjno-komunikacyjnych[48].

I.3. Rynek Big Data

Według Wikibon, rynek Big Data mierzony przychodami pochodzącymi ze sprzedaży powiązanego z tym obszarem sprzętu, oprogramowania i usług osiągnął 18,6 miliardów dolarów w 2013 roku, co oznacza wzrost o 58% w stosunku do roku poprzedniego[49].

Było kilka czynników, które wpłynęły na tak dynamiczny wzrost w 2013 roku. Wśród najważniejszych można wymienić następujące:

- wzrost świadomości na temat korzyści, jakie przynosi Big Data. Tutaj największe znaczenie miały branże finansowa, farmaceutyczna i handlowa,
- lepsza jakość oprogramowania *(software)*, takiego jak Hadoop[50], bazy danych NoSQL czy silniki analityczne,
- większe wyrafinowanie usług pomagających firmom w faktycznej adaptacji i praktycznym zastosowaniu sprzętu i oprogramowania Big Data,

---

[46] C. Tchorek-Helm, *Big Data...*, op. cit.
[47] *Co to jest Big Data?*, 31.07.2013, http://marketingautomagic.pl/2013/07/co-to-jest-big-data/, (27.04.2015).
[48] M. Tabakow, J. Korczak, B. Franczyk, *Big Data...*, op. cit., s. 144.
[49] Brak jest szacunków nt. wielkości rynku Big Data w Polsce.
[50] Hadoop i NoSQL zostaną dokładniej opisane w Rozdziale II.

– duże inwestycje w Big Data pośród największych firm w Internecie, takich jak Google, Facebook czy Amazon. Big Data także spopularyzowało się w agencjach rządowych, które wykorzystują je w celach wywiadowczych i w zwalczaniu terroryzmu[51].

Wikibon prognozuje, że do 2017 roku wartość całego rynku Big Data osiągnie około 50 mld USD, co przekłada się na 38% skumulowany średnioroczny wzrost (CAGR[52]) w latach 2011-2017[53], w 2020 roku może to być ponad 60 mld USD[54] (Rysunek 2). Już dziś należałoby mówić może nie tyle o Big, co o Huge Data[55].

51 M. Berezowski, *Najlepsi w branży Big Data - raport i prognoza*, „Computerworld", 31.01.2014, http://www.computerworld.pl/news/394613/Najlepsi.w.branzy.Big.Data.raport.i.prognoza.html, (27.04.2015).

52 CAGR (*compound annual growth rate*) - skumulowany roczny wskaźnik wzrostu - jest to średni wskaźnik rocznego wzrostu w badanym okresie, przy założeniu, że roczne wzrosty są dodawane do wartości bazy następnego okresu, http://finansopedia.forsal.pl/wiki/CAGR, (27.04.2015).

53 J. Kelly, *Big Data Vendor Revenue and Market Forecast 2013-2017*, 12.02.2014, http://wikibon.org/wiki/v/Big_Data_Vendor_Revenue_and_Market_Forecast_2013-2017, (27.04.2015).

54 G. Leopold, *Booming Big Data Market Headed for $60B*, 02.04.2015, http://www.datanami.com/2015/04/02/booming-big-data-market-headed-for-60b/, (13.05.2015).

55 A. Mitura, T. Lachowski, *Zawód ociekający seksapilem: Big Data Scientist*, 16.02.2015, http://mamstartup.pl/najnowsze/6231/zawod-ociekajacy-seksapilem-big-data-scientist, (16.02.2015).

Rysunek 2. Wielkość rynku Big Data wartościowo i jego prognozy do 2017 roku

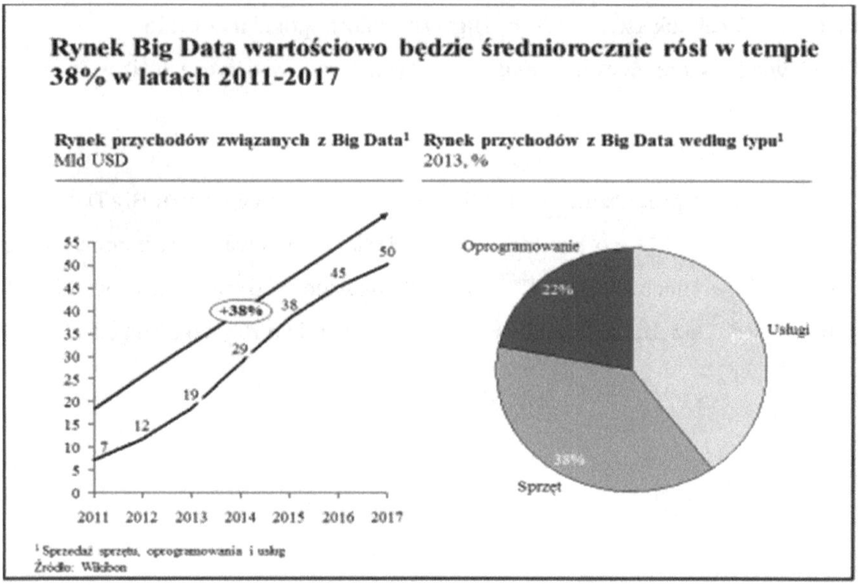

Źródło: Opracowanie własne na podstawie J. Kelly, *Big Data Vendor Revenue and Market Forecast 2013-2017*, 12.02.2014, http://wikibon.org/wiki/v/Big_Data_Vendor_Revenue_and_Market_Forecast_2013-2017, (27.04.2015).

Według IDC, rynek technologii i usług Big Data będzie wzrastał ze skumulowaną roczną stopą wzrostu 26,4% do 41,5 miliardów USD do 2018 roku, czyli około 6 razy szybciej niż cały rynek informatyczny[56].

Raport "Digital Trends 2013" Deloitte i Allegro przewidują z kolei, że w 2015 roku globalny rynek Big Data będzie wart 48 mld dolarów, czyli prawie pięć razy więcej niż w roku 2012[57] [58]. Przewiduje się, że coroczny wzrost rynku Big Data będzie wynosił około 40%[59].

[56] https://www.idc.com/prodserv/4Pillars/bigdata, (27.04.2015).
[57] Deloitte Advisory SP z o.o., *Big Data także dla małych i średnich firm*, http://nf.pl/manager/w-2015-r-swiatowy-rynek-big-data-bedzie-wart-prawie-50-mld-dolarow-czyli-prawie-piec-razy-wiecej-niz-w-ubieglym-roku,,44145,280, (27.04.2015).
[58] Deloitte, Raport Digital Trends, *Trendy...*, op. cit.
[59] Grey Tree Sp. z o.o., *Big Data...*, op. cit.

W podziale na rodzaj, według Wikibon w 2013 r. przychody w Big Data związane z wykonywaniem usług stanowiły 40% całego rynku, następnie 38% sprzęt[60] i 22% oprogramowanie. Taki podział jest częściowo ze względu na naturę otwartego oprogramowania (*open source*[61]) większości oprogramowania i modeli biznesowych dostawców Big Data, a także potrzebę świadczenia profesjonalnych usług, aby pomóc przedsiębiorstwom identyfikować wykorzystanie Big Data, rozwiązania w architekturze IT i utrzymać wydajność[62].

O ile inne segmenty rynku mogą cierpieć z powodu stagnacji bądź powolnego wzrostu, to Big Data wydaje się być tymi trendami niezagrożony. Analitycy spodziewają się nawet, że zastój w pozostałych sektorach, może wprowadzić dodatkowe ożywienie w Big Data, ze względu na konieczność szukania nowych sposobów na ożywienie rynku[63].

Wraz z dojrzewaniem rynku Big Data do 2017 roku i po, Wikibon spodziewa się, że aplikacje Big Data oraz usługi oparte o chmurę (*cloud*) będą odgrywać coraz większą rolę.

Szacuje się, że rynek "prawdziwego" Big Data - Hadoop i NoSQL (oprogramowanie/tylko usługi) – wzrośnie z 1,4 mld USD w 2014 roku do 3,4 mld USD w 2017 r. (Rysunek 3). Liderami są tutaj firmy, takie jak: Splunk, Tableau i Qlik. W przypadku Hadoopa liczą się głównie dystrybucje firm: IBM, Cloudera, Hortonworks i MapR[64]. W segmencie NoSQL przodują: Amazon, Basho, Couchbase,

---

[60] Większość przychodów ze sprzętu było związanych ze sprzedażą serwerów z miejscem składowania (*storage*) , aby wspierać skalowalnego Hadoopa i inne klastry analitycznych baz danych (*analytics database clusters*). Top sprzedawcy: Cisco Systems, Dell, Hewlett-Packard, IBM i Intel. G. Leopold, *Booming Big Data Market...*, op. cit.

[61] Otwarte oprogramowanie to oprogramowanie, którego licencja pozwala na legalne i nieodpłatne kopiowane, zarówno kodu wynikowego, jak i źródłowego oraz na dowolne modyfikacje kodu źródłowego http://www.opensource.ite.pl/page/main.html, (27.04.2015).

[62] J. Kelly, *Big Data Vendor Revenue and Market Forecast 2013-2017*, op. cit.

[63] M. Berezowski, *Najlepsi w branży Big Data...*, op. cit..

[64] A. Rajpurohit, *Wikibon Big Data Capital Markets Day – Big Data NYC 2014*, 30.09.2014, http://www.kdnuggets.com/2014/10/wikibon-big-data-markets-day-nyc.html, (27.04.2015).

MongoDB, podczas gdy HP, IBM, Microsoft, Oracle i Pivotal na rynku SQL[65]. Dokładniej te narzędzia i technologie zostaną opisane w Rozdziale II.

Rysunek 3. Wielkość rynku Big Data wartościowo według podtypu i jego prognozy do 2017 roku[66]

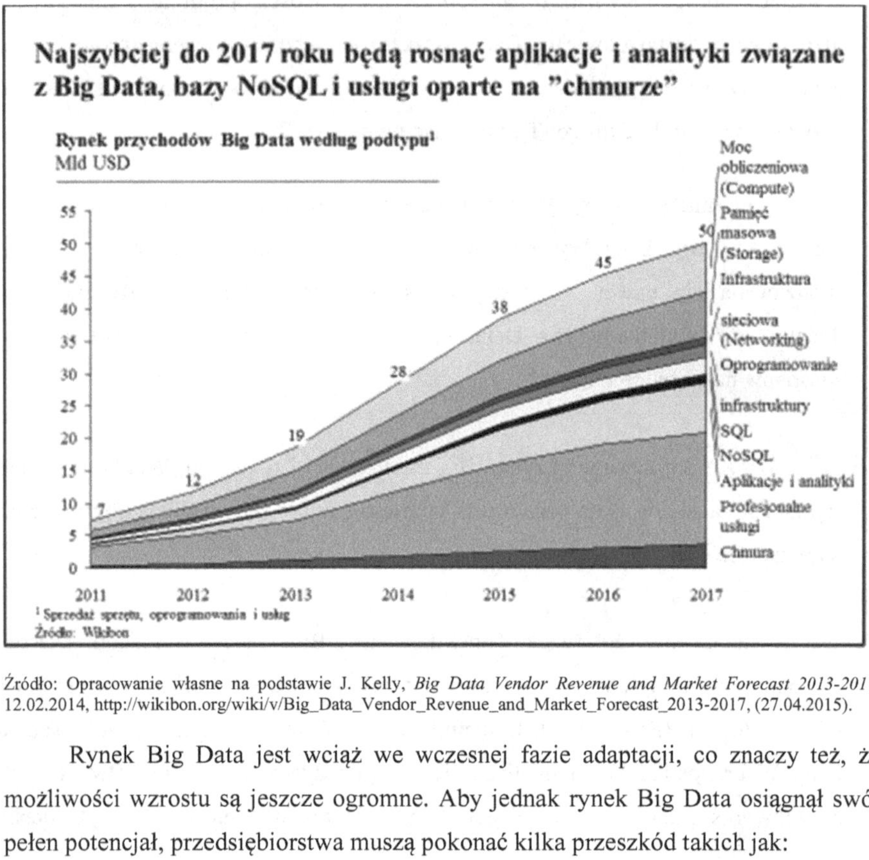

Źródło: Opracowanie własne na podstawie J. Kelly, *Big Data Vendor Revenue and Market Forecast 2013-2017*, 12.02.2014, http://wikibon.org/wiki/v/Big_Data_Vendor_Revenue_and_Market_Forecast_2013-2017, (27.04.2015).

Rynek Big Data jest wciąż we wczesnej fazie adaptacji, co znaczy też, że możliwości wzrostu są jeszcze ogromne. Aby jednak rynek Big Data osiągnął swój pełen potencjał, przedsiębiorstwa muszą pokonać kilka przeszkód takich jak:

- niedobór specjalistów od analityki i badania danych, którzy dysponowaliby zarówno wiedzą techniczną, jak i zmysłem biznesowym do wyciągania dobrych wniosków ze

[65] G. Leopold, *Booming Big Data...*, op. cit.

[66] Do Big Data Wikibon zalicza m.in.: technologię Hadoop i związany z nim sprzęt i oprogramowanie, bazy NoSQL i związane z nimi oprogramowanie , sprzęt i usługi, hurtownie danych następnej generacji, platformy Big Data nie-Hadoop, bazy danych „in-memory" – DRAM i flash, integrację danych, platformy jakości danych, zaawansowaną analitykę, narzędzia, Business Intelligence, wizualizację danych, usługi Big Data oparte na „chmurze", profesjonalne usługi w obszarze Big Data i inne. J. Kelly, *Big Data Vendor Revenue and Market Forecast 2013-2017*, op. cit.

złożonych zbiorów danych, pochodzących z wielu źródeł. Według raportu autorstwa McKinsey Global Institute już teraz „*Big Data Scientist*" jest jednym z najbardziej pożądanych zawodów w USA. Za pięć lat na amerykańskim rynku zapotrzebowanie na specjalistów od badania danych na kierowniczych stanowiskach sięgnie nawet 1,5 mln, a cały deficyt stanowisk powiązanych z Big Data – nawet 4 mln nieobsadzonych stanowisk[67],

- brak zrozumienia w przedsiębiorstwach, w jaki sposób organizować personel zajmujący się Big Data do rozpoznawania wymagań biznesowych dla projektów Big Data i efektywnego przekazywania wiedzy zdobytej dzięki Big Data do innych sektorów przedsiębiorstwa,
- opór wewnątrz przedsiębiorstwa przed podejmowaniem decyzji w oparciu o analizy Big Data, zamiast poleganiu na instynkcie,
- dostawcy, którzy rozwijają platformy i narzędzia Big Data w oparciu o zamknięte rozwiązania zamiast o otwarte, ogranicza możliwości porównywania usług i produktów, ograniczając tym samym wybór swoich klientów,
- brak doświadczenia i odpowiednich technologii do zarządzania Big Data. Problemy pojawiają się w obszarze jakości danych, zarządzania nimi oraz zapewnienia bezpieczeństwa,
- brak narzędzi programistycznych i usług, które pozwoliłyby developerom na budowę i dostosowanie do własnych potrzeb istniejących aplikacji Big Data, przy użyciu popularnych języków programistycznych[68].

Ponadto, wśród największych przeszkód wzrostu rynku Big Data wymienia się także kwestie prywatności i bezpieczeństwa danych[69].

I.4. Rynek dostawców technologii i usług Big Data

Według Wikibon, który monitoruje rynek ok. 70 dostawców technologii i usług Big Data[70], niekwestionowanym liderem jest firma IBM, której dochody

[67] A. Mitura, T. Lachowski, Zawód ociekający seksapilem..., op. cit. i J. Kelly, *Big Data: Hadoop, Business Analytics and Beyond*, 05.02.2014, http://wikibon.org/wiki/v/Big_Data:_Hadoop,_Business_Analytics_and_Beyond, (27.04.2015).
[68] M. Berezowski, *Najlepsi w branży Big Data...*, op. cit.
[69] J. Kelly, *Big Data Vendor Revenue and Market Forecast 2013-2017*, op. cit.

związane z Big Data w 2013 r. wyniosły aż 1,3 miliarda dolarów i był to 1% całego dochodu firmy. 30% z tej kwoty IBM zarobił na sprzęcie (*hardware*) (w 2012 było to 19%), 27% na oprogramowaniu i 40% na usługach (50% w 2012) (Tabela 1).

Na drugim miejscu znalazła się firma HP, której przychód to już 60% kwoty, jaką wypracował IBM – 869 milionów dolarów (w 2012 była to połowa). Po 40% jej przychodów przypadło na sprzęt i usługi, a 14% na oprogramowanie.

Czołową trójkę zamknął Dell, którego 85% przychodów pochodziło ze sprzedaży sprzętu[71]. W czołowej piętnastce znalazło się tylko kilka firm, których dochody z Big Data były większe niż 1%. Oprócz Teradata, był to również SAP, Fusion-io, SAS Institute oraz zajmujące się wyłącznie Big Data - Palantir i Splunk[72].

W zestawieniu znalazły się również dwie firmy, które swój dochód w zakresie Big Data, czerpały wyłącznie z usług – Accenture i PwC[73]. Profesjonalne usługi stanowiły największy segment rynku Big Data w 2013 roku, a firmy takie, jak: IBM, Accenture i HP tutaj przewodziły.

Tabela 1. Przychody TOP 10 i kilku innych wybranych firm w Big Data w 2013 roku w milionach USD

Dostawca/ sprzedawca	Przychody Big Data, mln USD	Całkowite przychody, mln USD	Przychody Big Data jako % całkowitych przychodów	% przychodów Big Data ze sprzętu	% przychodów Big Data z oprogramowania	% przychodów Big Data z usług
IBM	1.368	99.751	1%	31%	27%	42%
HP	869	114.100	1%	42%	14%	44%
Dell	652	54.550	1%	85%	0%	15%
SAP	545	22.900	2%	0%	76%	24%
Teradata	518	2.665	19%	36%	30%	34%
Oracle	491	37.552	1%	28%	37%	36%

[70] Definicja Wikibon Big Data zawiera dwa równie ważne elementy. Po pierwsze, z punktu widzenia technologii, Wikibon definiuje Big Data jako zestaw danych, których rozmiar, typ i prędkość tworzenia czyni niemożliwym, aby je przetwarzać i analizować tradycyjnymi technologiami baz danych i narzędzi w czasie lub kosztowo w sposób efektywny. Po drugie, Wikibon wierzy, że Big Data wymaga praktyków, u których m.in. instynkt jest zastąpiony procesem podejmowania decyzji opartym na danych. J. Kelly, *Big Data Vendor Revenue and Market Forecast 2013-2017*, op. cit.

[71] G. Leopold, Booming Big Data…, op. cit.

[72] D. Henschen, *Splunk Leads Tiny Big Data Market*, 03.03.2015, http://www.informationweek.com/big-data/big-data-analytics/splunk-leads-tiny-big-data-market/a/d-id/1319295, (27.04.2015).

[73] M. Berezowski, *Najlepsi w branży Big Data…*, op. cit.

SAS Institute	480	3.020	16%	0%	68%	32%
Palantir	418	418	100%	0%	50%	50%
Accenture	415	30.606	1%	0%	0%	100%
PWC	312	32.580	1%	0%	0%	100%
Splunk	283	283	100%	0%	71%	29%
Microsoft	280	83.200	0%	0%	63%	37%
Amazon	275	70.000	1%	0%	0%	100%
Google	175	59.767	1%	0%	0%	100%
Informatica	98	948	10%	0%	82%	18%
38. Cloudera	73	73	100%	0%	53%	47%
40. MongoDB	62	62	100%	0%	56%	44%
41. Hortonworks	55	55	100%	0%	73%	27%
49. Tableau Software	33	206	16%	0%	76%	24%

Źródło: Opracowanie własne na podstawie J. Kelly, *Big Data Vendor Revenue and Market Forecast 2013-2017*, 12.02.2014, http://wikibon.org/wiki/v/Big_Data_Vendor_Revenue_and_Market_Forecast_2013-2017, (27.04.2015).

Pełna lista znajduje się w Załączniku nr 1.

Przychody firm, które zajmują się wyłącznie Big Data (*Big Data pure-play vendors)* stanowiły ok. 5-10% całego rynku w 2013 r. (Rysunek 4). Pomimo tego, firmy te, jak np. Splunk, Cloudera, MongoDB czy Hortonworks - są odpowiedzialne za zdecydowaną większość nowych innowacji i nowoczesnych rozwiązań w zarządzaniu danymi i analityce, które pojawiły się w ciągu ostatnich kilku lat i uczyniły z Big Data „najgorętszy" sektor w IT[74].

[74] J. Furrier, *Big Data Is Big Market; Big Business - $50 Billion Market by 2017*, 17.02.2012, http://www.forbes.com/sites/siliconangle/2012/02/17/big-data-is-big-market-big-business/, (27.04.2015).

Rysunek 4. Przychody TOP 10 firm zajmujących się wyłącznie Big Data w 2013 roku

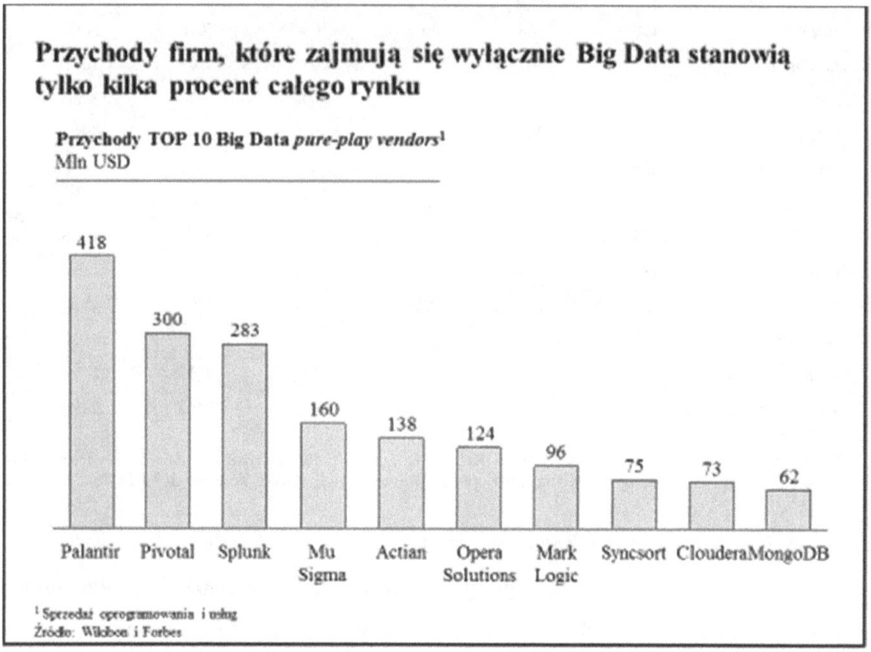

Źródło: Opracowanie własne na podstawie G. Press, *Top 10 Big Data Pure-Plays 2014*, 11.02.2014, http://www.forbes.com/sites/gilpress/2014/02/11/top-10-big-data-pure-plays-2014/, (27.04.2015).

Palantir ponad dwukrotnie zwiększył swoje dochody w 2013 vs. 2012. Na liście pojawił się Pivotal, nowy podmiot, który powstał z połączenia EMC i aktywów Big Data firmy VMware, i Syncsort. MongoDB, deweloper dokumentowej bazy danych był wcześniej znany jako 10gen[75] [76]. Vertica została przejęta przez HP w 2011, a Aster Data przez Teradata.

W przyszłości spodziewana jest zmiana w samej strukturze przychodów z Big Data. Z czasem zacznie spadać udział sprzętu, a wzrośnie zapotrzebowanie na usługi i oprogramowanie. W tej chwili sprzęt stanowi 38% przychodów z Big Data, a co za

[75] J. Kelly, *Big Data Vendor Revenue and Market Forecast 2013-2017...*, op. cit, J. Kelly, *Big Data Vendor Revenue and Market Forecast 2012-2017...*, op. cit., J. Kelly, D. Vellante, D. Floyer, *Big Data Market Size and Vendor Revenues*, 22.02.2012, http://wikibon.org/wiki/v/Big_Data_Market_Size_and_Vendor_Revenues, (27.04.2015).
[76] G. Press, *Top 10 Big Data Pure-Plays 2014...*, op. cit.

tym idzie duża część usług i oprogramowania jest z tym powiązana – jest to efekt budowania przez wiele przedsiębiorstw całej infrastruktury Big Data od zera. W momencie, gdy rynek Big Data dojrzeje i zostaną przyjęte pewne standardy, należy się spodziewać, że wzrosną inwestycje w oprogramowanie, bazy danych czy narzędzia do ich analizy, kosztem inwestycji w sprzęt[77].

I.5. Podsumowanie

Big Data to duże zbiory danych, które przekraczają możliwości przetwarzania konwencjonalnych systemów bazodanowych. Termin Big Data jest charakteryzowany przede wszystkim kilkoma kluczowymi atrybutami, takimi jak: objętość (*volume*), różnorodność (*variety*), złożoność (*complexity*), strumień/szybkość (*velocity*), zmienność (*variability*) i wartość (*value*). Big Data łączy dane z różnych kanałów (dane behawioralne, statystyczne, geograficzne, transakcyjne, z urządzeń posiadających GPS), z różnych formatów danych (ruch na stronie, portale społecznościowe (*social media*), video, muzyka, dokumenty, aktywność na forach, formularze, ankiety, rozmowy telefoniczne, dane offline), zarówno na desktopach, jak i urządzeniach mobilnych[78]. Szacuje się, że do 2017 roku wartość całego rynku Big Data osiągnie około 50 mld USD, co przekłada się na 38% skumulowany średnioroczny wzrost w latach 2011-2017. Na rynku jest obecnie ok. 70 dostawców technologii i usług Big Data, przy czym czołową pozycję zajmują IBM, HP i Dell.

[77] M. Berezowski, *Najlepsi w branży Big Data...*, op. cit.
[78] Grey Tree Sp. z o.o., *Big Data...*, *op.* cit.

Rozdział II. Narzędzia i oprogramowanie dedykowane Big Data

Jak już wcześniej wspomniano, charakterystyka Big Data wiąże się z wielkością zbiorów danych, szybkością napływu nowych i dużą ich różnorodnością. W związku z tym, dane są trudne do analizowania i wnioskowania, pojawiają się więc nowe wyzwania dla firm związane z infrastrukturą IT. Zazwyczaj dla organizacji wiąże się to z dodatkowymi nakładami inwestycyjnymi na zakup dodatkowego sprzętu, np. serwerów, pamięci masowej oraz aplikacji. Proponowanymi odpowiedziami na wyzwania są m.in. możliwości zestawu oprogramowania Hadoop (wersja open source lub komercyjna), model chmury obliczeniowej (*Cloud Computing*[79]), bazy NoSQL (np. Cassandra, Accumulo) czy o masywnym przetwarzaniu równoległym[80].

Większość współczesnych rozwiązań Big Data występuje w trzech formach:

- jako oprogramowanie *(software)*,
- jako urządzenie *(hardware)*,
- w chmurze *(cloud)*.

Decyzja, którą z wymienionych form wybrać zależy od wielu czynników, takich jak: lokalizacja danych, prywatność, regulacje prawne, zasoby ludzkie i wymagania projektowe. Wiele organizacji decyduje się na rozwiązania hybrydowe: wykorzystanie chmury w celu zaspokojenia dodatkowych zleceń i uzupełnienia posiadanych na miejscu rozwiązań[81].

---

[79] Y. Jadeja, K. Modi, 2012, *Cloud computing - concepts, architecture and challenges*, 2012 International Conference on Computing, Electronics and Electrical Technologies (ICCEET), IEEE, Kumaracoil, India.
[80] J. Kelly, *Big Data: Hadoop, Business Analytics and Beyond...*, op. cit.
[81] Dr. J. Olejniczak, *Big Data...*, op. cit.

II.1. Cloud Computing (przetwarzanie w chmurze)

Cloud Computing to pojęcie używane do określenia skalowalnej platformy zawierającej sprzęt IT wraz z oprogramowaniem, która dostępna jest u zewnętrznego operatora jako usługa dostarczana za pośrednictwem Internetu. Cloud Computing oznacza również system rozproszenia, zdolność uruchamiania programu lub aplikacji na wielu połączonych komputerach w tym samym czasie lub dynamiczną obsługę danego żądania, polegającą na przydzieleniu zadania do jednego z dostępnych serwerów[82].

Chmurę od strony elementów składowych można zdefiniować jako zbiór:

- sprzętu *(hardware),*
- infrastruktury sieciowej *(network),*
- miejsc składowania (*storage*),
- usług (*services*),
- interfejsów udostępniających obliczenia jako usługi (*computing as a service* - CaaS).

Od strony funkcjonalnej chmurę można scharakteryzować następującymi cechami:

- elastyczność wyrażona przez zdolność do skalowania w górę i w dół - daje możliwości dynamicznego i automatycznego dostosowania zasobów do aktualnych potrzeb użytkownika,
- samoobsługowy *provisioning* i automatyczny *deprovisioning* – użytkownik sam może sobie przydzielić zasoby, zaś gdy ich już nie potrzebuje, są one automatycznie zwalniane,
- interfejsy programowania aplikacji (API) – pozwalają na programowe łączenie się z usługami chmurowymi. API powinny być standaryzowane tak, by proces łączenia przebiegał w miarę automatycznie (przykładem mogą być Amazon Simple Storage

[82] M. Tabakow, J. Korczak, B. Franczyk, *Big Data...,* op. cit., s. 148.

Service S3 oraz Amazon Elastic Compute Cloud EC2, czy też różnorodne Google APIs),

- model opłat i opomiarowania „pay-as-you-go" – pozwalający płacić dokładnie za to, z czego korzystamy.

Można wyróżnić trzy warstwy dostarczania „usług chmurowych" w postaci:

a) IaaS – Infrastructure as a Service (infrastruktura jako usługa),

b) PaaS – Platform as a Service (platforma jako usługa),

c) SaaS – Software as a Service (oprogramowanie jako usługa).

a) Iaas jest dostarczaniem sprzętu IT, m.in.:

- serwerów,
- infrastruktury sieciowej,
- przestrzeni składowania,
- miejsca w DC (Data Centre, czyli centrum danych) w formie usługi. Może ono obejmować również:
- dostarczanie systemów operacyjnych,
- dostarczanie technologii wirtualizacyjnej[83].

Jednym z popularniejszych IaaS'ów jest Elastic Compute Cloud EC2 firmy Amazon (Amazon Web Services). Dostarcza on interfejs webowy pozwalający na wynajęcie stosownej ilości maszyn wirtualnych o wymaganej przez użytkownika konfiguracji (maszyny wirtualne Windows i Linux), z przydziałem mocy obliczeniowej procesora, pamięci RAM, przestrzeni dyskowej, odpowiedniej architektury[84]. EC2 monitoruje zużycie zasobów i rozlicza się w trybie godzinowym.

Google w 2013 r. zaoferował rozwiązanie w chmurze publicznej zwane Google Cloud Platform. Stanowi ono obecnie rozwiązanie w trzech dziedzinach: moc obliczeniowa - *Compute* (Compute Engine - pozwala na wynajęcie wirtualnej

---

[83] P. Matuszak, *Przetwarzanie w chmurze (Cloud Computing)*, wykład w ramach studiów podyplomowych „Inżynieria danych – Big Data" w Szkole Głównej Handlowej w Warszawie (edycja I – rok 2014/2015).

[84] http://www.wmii.uwm.edu.pl/~kmmi/sites/default/files/.../Amazon_Web_Services.ppt, (27.04.2015).

maszyny w kilku różnych planach konfiguracyjnych, Google App Engine - platforma developerska oraz hostująca aplikacje webowe w centrach danych Google), pamięć masowa – *Storage* (Cloud SQL, Cloud Storage, Cloud Datastore), Big Data (Big Query)[85].

IaaS jest bardzo przydatny dla firm, które np. prowadzą tymczasowo szeroko zakrojone prace badawczo-rozwojowe i wymagają nagłego zwiększenia mocy obliczeniowej bez konieczności zwiększania własnych zasobów.

b) W modelu PaaS, prócz infrastruktury i sprzętu, klient otrzymuje dodatkowo zestaw narzędzi do budowania, wdrożenia i testowania aplikacji. Środowisko to powinno zawierać wszystko, co jest niezbędne do zbudowania i uruchomienia kompletnej aplikacji bez konieczności ingerencji z zewnątrz.

Model PaaS pozwala na pełny cykl zarządzania obejmujący:

- planowanie i projekt *(design)*,
- budowanie *(development)* i wdrożenie *(deployment)*,
- testowanie i utrzymanie *(maintenance)*[86].

Popularne przykłady PaaS:

- Google App Engine (GAE - hosting aplikacji napisanych w Java lub Python. Serwis sam dba o rozkładanie obciążenia),
- Heroku (hosting aplikacji napisanych w Ruby i innych, łatwość wdrożeń i więcej możliwości (swobody) niż GAE (dostęp do bazy SQL)[87],
- Amazon Web Services,
- Salesforce,
- Microsoft Azure,

[85] P. Szczepaniak, *Google Compute Engine – wirtualne maszyny od Google*, 14.02.2014, http://www.computerworld.pl/news/394355/Google.Compute.Engine.wirtualne.maszyny.od.Google.html, (27.04.2015).
[86] Matuszak P., *Przetwarzanie w chmurze...*, op. cit.
[87] *Narzędzia i trendy Big Data...*, op. cit..

- CloudFoundry,
- OpenCloudware.

c) SaaS to jedna z pierwszych implementacji chmurowych. 15 lat temu pojawiła się jedna z pierwszych aplikacji, którą można uznać za działającą w modelu chmurowym - CRM firmy Salesforce.

Główne zalety modelu SaaS:

- uzależnienie ceny od użycia danej aplikacji,
- brak kosztów początkowych (np. licencji),
- istotna redukcja kosztów inwestycyjnych (pozostają ewentualne koszty przeniesienia danych i spięcia z określoną infrastrukturą),
- możliwość przetestowania aplikacji bez konieczności zakupu drogich licencji i rozbudowania własnej infrastruktury,
- możliwość rozszerzania lub zawężania funkcjonalności aplikacji oraz zmiany ilości użytkowników w trakcie użytkowania bez ponoszenia dodatkowych kosztów[88].

Cloud Computing jest wsparciem dla rozwoju firm oraz wygodnym rozwiązaniem. Umożliwia działanie zasobów informatycznych firmy w chmurze, gdzie użytkownik, a w tym przypadku firma, nie musi posiadać w swoich zasobach urządzeń (np. serwerów), ani oprogramowania, natomiast wszystko podnajmuje od innych firm. Ma to szczególne zastosowanie dla firm z sektora MŚP, gdzie duże znaczenie ma ograniczenie kosztów. Istnieje zbieżność Cloud Computing i Big Data, ponieważ model Cloud Computing zapewnia nieograniczone zasoby na żądanie, co odpowiada na wyzwanie wzrastającej objętości danych. Technologia Cloud Computing umożliwia rozwój firmom, które chcą wprowadzić rozwiązania biznesowe w oparciu o Big Data oraz zbierać i analizować dane niestrukturalne, stanowiące obecnie 80%-90% wszystkich danych na świecie.

---

[88] Matuszak P., *Przetwarzanie w chmurze...*, op. cit.

Cloud Computing jest rozwiązaniem do przetwarzania, przechowywania, dystrybucji i przenoszenia danych Big Data z „chmury do chmury", gdzie pod pojęciem „chmury" można rozumieć rozproszoną przestrzeń dyskową i zestaw serwerów (ciągle powiększających się), oferujących usługi informatyczne dowolnego typu. Analiza możliwości związanych z zastosowaniem Cloud Computing, w przypadku zarządzania danymi Big Data, pozwala zauważyć jego znaczącą rolę zarówno w dużych, jak i małych przedsiębiorstwach oraz w różnych branżach. Cloud Computing stwarza możliwości przechowywania i analiz dużej ilości danych, również doraźnie, na żądanie. W związku z rosnącym zapotrzebowaniem na rozwiązania Cloud Computing dostawcy dostarczający tego typu usługi szukają rozwiązań dla ulepszenia architektury działania „chmury", zwiększenia pojemności pamięci, wydajności, szybkości przetwarzania informacji oraz elastyczności usług informatycznych[89].

Wartość rynku cloud computingu w Polsce szacuje się w 2013 r. na ok. 300 mln zł (234 mln zł w 2012 wg PMR[90]). Rynek ten odznacza się wysoką dynamiką wzrostową, z roku na rok przekraczającą (wg różnych szacunków) poziom 30%[91].

Aż 70% światowego biznesu w jakiś sposób korzysta z „chmury". Globalny rynek w tym sektorze rośnie i w 2020 roku będzie wart ponad 200 mld dolarów[92] [93].

---

[89] M. Tabakow, J. Korczak, B. Franczyk, *Big Data...*, op. cit., s. 148.

[90] L. Łubiarz, *Dokąd zmierzasz chmuro?*, 27.01.2015, http://inleo.pl/blog/dokad-zmierzasz-chmuro/, (13.06.2015).

[91] Wartość rynku obejmuje zarówno usługi wdrażane w modelu chmury prywatnej, jak i publicznej, *Rynek cloud computingu w Polsce*, http://it-manager.pl/rynek-cloud-computingu-w-polsce/, (27.04.2015); A. Jadczak, *IDC: polski rynek cloud computing wart był 66,3 mln USD w roku 2012*, 29.09.2013, http://itwiz.pl/idc-polski-rynek-cloud-computing-wart-byl-663-mln-usd-roku-2012/, (27.04.2015).

[92] B. Wawryszuk, *Polski rynek usług w chmurze rośnie. Zobacz, ile będzie wart w 2014 roku*, 05.05.2014, http://interaktywnie.com/biznes/artykuly/raporty-i-badania/polski-rynek-uslug-w-chmurze-rosnie-zobacz-ile-bedzie-wart-w-2014-roku-248374, (27.04.2015); L. Columbus, *Roundup Of Cloud Computing Forecasts And Market Estimates, 2015*, 24.01.2015, http://www.forbes.com/sites/louiscolumbus/2015/01/24/roundup-of-cloud-computing-forecasts-and-market-estimates-2015/, (27.04.2015).

[93] Deloitte, Raport Digital Trends, *Trendy...*, op. cit.

II.2. Apache Hadoop

Apache Hadoop to zestaw oprogramowania typu open source, które umożliwia przetwarzanie rozproszone dużych zestawów danych. Hadoop pracuje w klastrach[94] składających się z wielu serwerów[95]. Każdy z tych serwerów posiada własny procesor i dysk twardy. Awaria jednego z serwerów powoduje przejęcie jego zadań przez inny[96]. Jest to rozwiązanie wysoce skalowalne, umożliwia skalowanie z jednego do kilku tysięcy komputerów, z bardzo wysokim stopniem odporności na uszkodzenia. Twórcami Hadoopa są Doug Cutting i Mike Cafarella. Pracowali oni wówczas nad projektem "Nutch", którego celem było utworzenie dużego indeksu sieci web. Twórcy projektu znali opracowania Google MapReduce i Google File System (GFS) i zaimplementowali je w projekcie Nutch[97]. W 2006 Doug Cutting został zatrudniony przez Yahoo! i ulepszył Hadoop jako projekt open source[98].

Hadoop (oparty na języku programowania Java) przechowuje różne rodzaje danych w źródłowym formacie i jest w stanie wykonywać różnorodne analizy na tych danych. Hadoop może przechowywać terabajty, a nawet petabajty danych. Jest efektywny, umożliwia obsługę błędów sprzętowych i systemowych bez gubienia danych i przerywania analizy. Hadoop daje możliwości dokonywania kompleksowych analiz, w szczególności pogłębione analizy realizowane w oparciu o duże zbiory danych. Jest on w stanie realizować różnego rodzaju zadania, np. wykonanie zapytań, analizy logów, budowę hurtowni oraz analizę obrazów i plików wideo[99].

Na architekturę Apache Hadoop (Rysunek 5 i 6) składają się następujące moduły:

---

[94] Klaster komputerowy (*cluster*) – grupa połączonych jednostek komputerowych, które współpracują ze sobą w celu udostępnienia zintegrowanego środowiska pracy. http://pl.wikipedia.org/wiki/Klaster_komputerowy, (27.04.2015).

[95] J. Venner, 2009, *Pro Hadoop*, Apress, s1., http://www.wangyuxiong.com/wp-content/uploads/downloads/2013/02/Pro_Hadoop.pdf, (27.04.2015).

[96] Dr. J. Olejniczak, *Big Data...*,op. cit.

[97] Ibidem.

[98] X. Lu, B. Zheng, *Distributed Computing and Hadoop in Statistics*, http://www.statistics.gov.hk/wsc/STS066-P4-S.pdf, (27.04.2015).

[99] Dr. J. Olejniczak, *Big Data...*, op. cit.

- Hadoop Common – zawiera biblioteki i narzędzia niezbędne do pracy modułów Hadoop,
- Hadoop Distributed File System (HDFS) – system zarządzania plikami w środowisku rozproszonym, który przechowuje i zarządza plikami na jednostkach rozproszonych i zapewnia wysoką, łączną przepustowość pomiędzy nimi[100]. Kiedy dane są wprowadzone do klastra, HDFS dzieli je na części i rozmieszcza na różnych serwerach pracujących w klastrze. Każdy z serwerów przechowuje tylko część zbioru danych, a każda część danych jest przechowywana na więcej niż jednym serwerze[101],
- Hadoop YARN – platforma zarządzania zasobami odpowiedzialna za zarządzanie zasobami i obliczeniami w klastrach i wykorzystywania ich do harmonogramowania zadań użytkowników (pojawiła się w 2013 r.),
- Hadoop MapReduce – model programistyczny, przeznaczony przetwarzaniu dużej ilości danych. Moduły Hadoop MapReduce i HDFS[102] wzorowane są na rozwiązaniach Google: MapReduce i Google File System. Z punktu widzenia projektanta systemów, kluczowy jest moduł MapReduce, ponieważ za pomocą odpowiedniego interfejsu programistycznego można zaprojektować procesy mapowania (*map*) i redukcji (*reduce*). MapReduce jest systemem przeznaczonym dla tworzenia aplikacji działających jednocześnie na tysiącach komputerów. Główną jego zaletą jest umożliwienie łatwego rozproszenia operacji. Zakładając, że każda z operacji „map" jest niezależna od pozostałych, może być ona realizowana na osobnym serwerze[103]. Każdy z serwerów wykonuje zapytanie w odniesieniu do przechowywanego lokalnie fragmentu zbioru danych i wysyła wynik do MapReduce. MapReduce jest programem agenckim, który dzieli zadania i zbiera wyniki analiz[104] (Tabela 2).

[100] M. Tabakow, J. Korczak, B. Franczyk, *Big Data...*, op. cit., s. 148.
[101] Dr. J. Olejniczak, *Big Data...*, op. cit.
[102] J. Changqing, L. Yu, Q. Wenming, U. Awada, L. Keqiu, 2012, *Big Data Processing in Cloud Computing Environments*, 12th International Symposium on Pervasive Systems, Algorithms and Networks (ISPAN), San Marcos, IEEE, s. 17-23.
[103] M. Tabakow, J. Korczak, B. Franczyk, *Big Data...*, op. cit.
[104] Dr. J. Olejniczak, *Big Data...*, op. cit.

Rysunek 5. Architektura Apache Hadoop

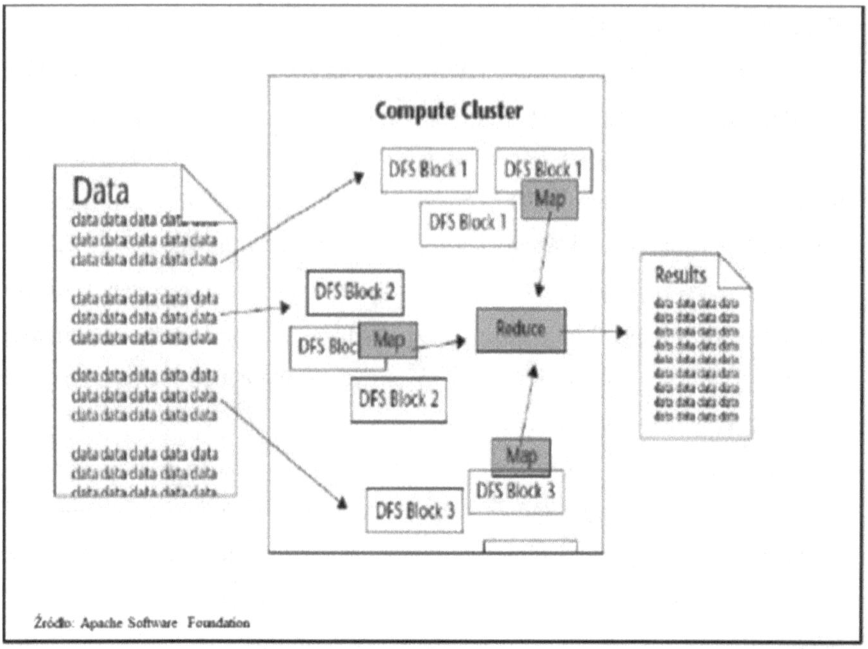

Źródło: Apache Software Foundation, hadoop.apache.org, (27.04.2015).

Tabela 2. Hadoop jako ekosystem[105]

Ambari	Rozmieszczenie, konfiguracja i monitoring, narzędzie do zarządzania i monitoringu klastrów Hadoop
Flume lub Kafka	Pobieranie danych z plików, import logów
HBase	Otwarta, nierelacyjna, rozproszona kolumnowa baza danych wzorowana na Google BigTable i napisana w Javie
HCatalog	Warstwa metadanych
HDFS	Rozproszony system plików, który zapewnia wysoką wydajność dostępu do danych aplikacyjnych
Hive	Środowisko umożliwiające zadawanie pytań w języku zbliżonym do SQL[106]
Hue	Interface dla użytkownika
Mahout	Biblioteka procedur statystycznych, umożliwiających korzystanie z paradygmatu MapReduce, biblioteka uczenia maszynoweego (*machine learning*)
MapReduce	Niezależny od języka model programowania, zapewniający równoległe przetwarzanie na klastrach, składa się z dwóch faz: map i reduce
PigLatin	Skryptowy język proceduralny do tworzenia zadań MapReduce
Oozie	Dashboardy, zarzadzanie przepływem *(workflow management)*

[105] Ekosystem Hadoop to zbiór różnych narzędzi, platform/struktur i technologii, które w mniejszym lub większym stopniu integrują się z klastrem Hadoop, A. Kawa, P. Krewski, *W kipiącym kotle, czyli technologie big data*, 22.12.2014, http://e-s-r.pl/2014/12/22/w-kipiacym-kotle-czyli-technologie-big-data/, (11.05.2015).

[106] SQL (*Structured Query Language*) – strukturalny język zapytań używany do tworzenia, modyfikowania baz danych oraz do umieszczania i pobierania danych z baz danych, http://pl.wikipedia.org/wiki/SQL, (27.04.2015).

Spark	Szybkie analizy w pamięci operacyjnej
Storm	Rozproszony system obliczeń w czasie rzeczywistym[107]
Sqoop	Pobieranie i zapisywanie danych z/do baz relacyjnych[108]
Tez	Jest elastyczną platformą/strukturą (*framework*), która może być osadzana w obcych aplikacjach w celu budowy wysoko wydajnych rozwiązań potrafiących wsadowo lub interaktywnie przetwarzać petabajty danych[109]
Whirr	Zestaw bibliotek/narzędzi do prowadzenia usług w chmurze
Zookeeper	Zarządzanie procesami, konfigurację, koordynacja

Źródło: Opracowanie własne na podstawie wykładów R. Kita, *Inżyniera danych - Big Data. Chwilowe zauroczenie czy trwały trend? Przykłady praktycznego zastosowania przetwarzania dużych wolumenów danych w bankowości i analizie ruchu w Internecie*, 11.10.2014 i Dr J. Olejniczak, *Big Data Analiza Dużych Zbiorów Danych....*, op. cit.

Rysunek 6. Ekosystem Hadoop

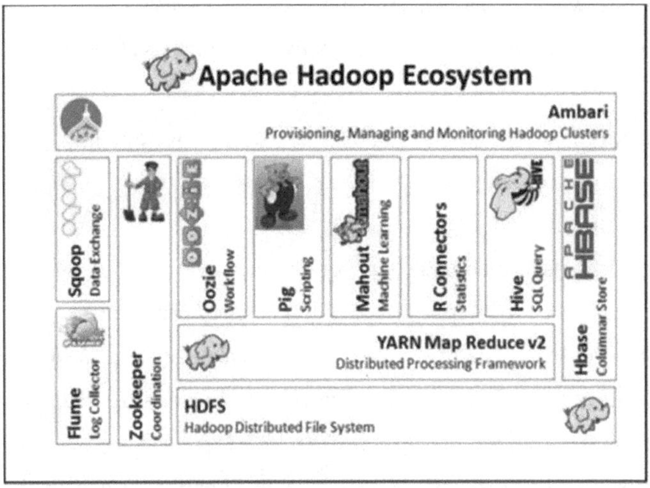

Źródło: S. Puttur, *Big Data: Overview of apache Hadoop,* 12.01.2014, http://www.sachinpbuzz.com/2014/01/big-data-overview-of-apache-hadoop.html, (27.04.2015).

Platforma Hadoop umożliwia uruchamianie aplikacji w systemach z tysiącami węzłów z udziałem tysięcy terabajtów danych. Rozproszony system plików umożliwia szybki transfer danych pomiędzy węzłami i zapewnia ciągłość w działania

[107] *Apache Storm & Chmura Azure – Doskonałe Rozwiązanie Big Data,* 18.10.2014, http://pl.opennessatcee.com/post/100337340993/apache-storm-chmura-azure-doskonale, (27.04.2015).

[108] Sqoop pozwala na tworzenie transferów dużej liczby danych pomiędzy Hadoop i systemami strukturalnymi, takim jak relacyjne bazy danych czy NoSQL. W implementacji Hadoop jako ETL, Sqoop zapewnia funkcje E (*extract*) i L (*load*), podczas gdy MapReduce funkcję T (*transform*). Sqoop może być wywoływany z tradycyjnych narzędzi ETL. J. Muszyński, 08.07.2013, *Hadoop - platforma do eksploracji Big Data*, http://www.computerworld.pl/news/391027_4/Hadoop.platforma.do.eksploracji.Big.Data.html, (27.04.2015).

[109] *Apache Tez, nowy element ekosystemu Apache Hadoop*, 26.07.2014, http://www.e-przeglad.pl/index.php/technologie/apache-tez-nowy-element-ekosystemu-apache-hadoop/, (27.04.2015).

w przypadku awarii. Główne cechy platformy Hadoop dla rozwiązań związanych z wyzwaniami Big Data to:

- skalowalność, umożliwiająca dodawanie nowych węzłów w razie potrzeby, bez konieczności zmiany formatów danych, jakie są ładowane,
- opłacalność, ponieważ umożliwia równoległe obliczenia na serwerach, co w efekcie obniża koszty za każdy terabajt pamięci,
- elastyczność, ponieważ daje możliwość pobierania wszystkich rodzajów danych, z dowolnych źródeł, bez względu na ich strukturę. Zapewniająca ponadto łączenie danych z wielu źródeł w dowolny sposób, umożliwiając przy tym wykonywanie dokładnych analiz,
- odporność na uszkodzenia. Oprogramowanie działa nawet wtedy, gdy jeden z węzłów został uszkodzony, przekierowując zadanie do innej jednostki.

Z punktu widzenia analityka danych, kluczowa w architekturach dedykowanych Big Data jest możliwość własnej implementacji, na bazie celowej – w kontekście danego problemu analitycznego – implementacji modułów typu MapReduce, gdzie ulokowana jest warstwa zaawansowanej analizy danych, lub zastosowania tzw. technik sztucznej inteligencji[110].

Systemy Hadoop opierają się na MapReduce w przetwarzaniu danych, ale dołączona do ostatniego wydania platforma Yarn w 2013 r. pozwala na uruchamianie innych aplikacji obok MapReduce. Yarn monitoruje potrzeby aplikacji w zakresie zasobów i zapewnia je w ramach rozproszonego systemu przetwarzania. Ten nowy mechanizm pozwoli na uruchamianie większej liczby aplikacji w ramach otwartych systemów Big Data i powinien doprowadzić do pojawienia się nowej fali aplikacji analitycznych dla Hadoop. Yarn rozdziela dwie główne funkcje obecnie łączone w jedną przez MapReduce: oddziela planowanie i monitorowanie zadań od zarządzania zasobami. Pracuje na zasadzie monitorowania potrzeb aplikacji i tworzenia na tej podstawie zasobników węzłów CPU i pamięci do obsługi tych aplikacji. Usuwa ograniczenie "jedna aplikacja pracująca w tym samym czasie na Hadoop" i pozwala

[110] M. Tabakow, J. Korczak, B. Franczyk, *Big Data...*, op. cit., s. 149-150.

uruchamiać wiele aplikacji jednocześnie[111]. W ostatnim czasie, wielu dostawców Hadoop uzupełniło istniejące narzędzia o Yarn, aby lepiej je zintegrować z infrastrukturą do zarządzania danymi[112].

Dwie dominujące dystrybucje Hadoopa to obecnie firm Cloudera (2009) i Hortonworks (2011). Hadoop stał się częścią normalnej architektury bazodanowej w firmach. Duzi dostawcy (IBM, HP, Teradata, SAP) „wkleili" Hadoopa do swojej oferty. Nieustannie powstają nowe firmy rozwijające Hadoopa, np. Impala, które wywierają presję na udoskonalanie. Hadoop stał się synonimem Big Data i jest obecnie dominującym kierunkiem analiz Big Data[113].

Hadoop jest głównie wykorzystywany w mediach społecznościowych, branży elektronicznej/High-Tech/IT, telekomunikacyjnej, finansowej, detalicznej/FMCG[114]. Używany jest przez takich gigantów, jak Amazon.com, Apple, eBay, Facebook, LinkedIn, Twitter, Yahoo! i wiele innych[115].

Hadoop był pierwotnie zaprojektowany do pracy w klastrach fizycznych maszyn, ale to uległo zmianie. Teraz coraz więcej technologii jest dostępnych do przetwarzania danych w chmurze, przykładowo hurtownia danych BI Amazon Redshift, usługa analizy danych BigQuery firmy Google, platforma „chmurowa" Bluemix firmy IBM czy usługa przetwarzania danych w czasie rzeczywistym Kinesis firmy Amazon. Przyszłością Big Data ma być hybryda dwóch powyższych rozwiązań (klastrów fizycznych i „chmury")[116].

Głównym ograniczeniem Hadoopa jest to, że nie nadaje się on do przetwarzania danych w czasie zbliżonym do rzeczywistego. Obecnie trwają prace nad aplikacjami do analizy danych w czasie rzeczywistym (*real-time processing*) i

[111] J. Muszyński, 08.07.2013, *Hadoop...*, op. cit.
[112] J. Kelly, *Big Data Vendor Revenue and Market Forecast 2013-2017*, op. cit.
[113] P. Reszka, *Top 7 trendy w Big Data 2015*, https://docs.google.com/a/astrafox.pl/file/d/0B_fdWDPfGa5jZDhaV2s1MEpwRHc/edit?pli=1, (27.04.2015).
[114] J. Furrier, *Big Data Is Big Market ...*, op. cit.
[115] J. Muszyński, 08.07.2013, *Hadoop...*, op. cit.
[116] R. L. Mitchell, *8 Big Trends in Big Data Analytics*, "Computerworld", 23.10.2014, http://www.cio.com/article/2838172/data-analytics/8-big-trends-in-big-data-analytics.html, (27.04.2015).

danych strumieniowych *(stream)*, interaktywnymi aplikacjami zapytań podobnymi do języka SQL, czy aplikacjami do analityki grafowej.

II.3. Bazy NoSQL (not only SQL)

Zagadnienia związane ze złożonością danych, szczególnie danych niestrukturalnych lub półstrukturalnych, powodują wyzwania w zakresie ich efektywnego przechowywania oraz przeszukiwania w bazie danych. Schemat relacyjnej bazy danych, sztywno zdefiniowanej, nie odpowiada danym typu Big Data[117]. Koncepcja chmury wykorzystującej ogromne ilości danych niejako wymusiła powrót do korzeni, czyli prostych składnic, często pozbawionych finezji transakcji oraz standardu SQL. Do takich rozwiązań można zaliczyć mechanizmy NoSQL *(not only SQL)* [118].

Baza NoSQL to baza danych nie korzystająca bezpośrednio ze struktury relacyjnego modelu. Takie bazy danych nie zawsze implementują wszystkie założenia ACID (*Atomicity* - atomowość, *Consistency* - spójność, *Isolation* - izolacja, *Durability* - trwałość). Zazwyczaj w NoSQL-owych bazach dane nie są przechowywane w tabelach, nie istnieją także relacje. Brak też języka SQL. Sprawdzają się najlepiej do zapisywania dużych ilości danych (Big Data). NoSQL-owe bazy danych łatwo się skalują, gdyż mogą działać na rozproszonej architekturze, którą daje się łatwo poszerzyć o kolejne jednostki (*node*)[119].

Mimo, iż jest to rozwiązanie powszechnie dostępne, napotyka się bariery w jego wykorzystywaniu w przedsiębiorstwach, szczególnie tych z sektora MŚP. Bariery te związane są ze skomplikowanym użyciem NoSQL. Mianowicie wykorzystywane są niskopoziomowe języki zapytań, co wiąże się z zatrudnieniem wykwalifikowanej obsługi. Dodatkowo, brak jest intuicyjnych czy standardowych interfejsów wspomagających użytkowników[120]. Firmy takie, jak DataStax, Sqrrl,

---

[117] M. Tabakow, J. Korczak, B. Franczyk, *Big Data...*, op. cit., s. 149-150.
[118] Matuszak P., *Przetwarzanie w chmurze...*, op. cit.
[119] http://mfiles.pl/pl/index.php/Baza_NoSQL, (27.04.2015).
[120] M. Tabakow, J. Korczak, B. Franczyk, *Big Data...*, op. cit., s. 150.

Cloudera, Aerospike czy Couchbase pracują obecnie nad pokonaniem tych przeszkód i próbują skomercjalizować różne bazy NoSQL[121].

Przykładowe bazy NoSQL to:

- kolumnowe - zamiast w wierszach, dane zapisywane są w kolumnach. To rozwiązanie jest stosowane do przechowywania dużych ilości danych. Na tym modelu została oparta baza danych wykorzystywana przez jeden z najpopularniejszych serwisów społecznościowych Facebook – Cassandra (łączy model BigTable firmy Google[122] z modelem klucz-wartość[123]). Przykłady: Cloudata (implementacja BigTable[124]), Hadoop/Hbase - odpowiednik BigTable o otwartym kodzie źródłowym, bardzo dobrze zintegrowana z projektem Hadoop, która jest bardzo często stosowana na górze HDFS, w celu zapewnienia szybkiego wyszukiwania w Hadoop i niewielkich opóźnień[125], Hypertable, Accumulo, Apache Flink,
- dokumentowe - dane przechowywane są w dokumentach. W każdym dokumencie obowiązuje struktura klucz-wartość – np. MongoDB, Couchbase/CouchDB, RethinkDB, NeDB, EJDB, Elasticsearch, RavenDB,
- klucz-wartość/krotki - bazują na mapie, która pozwala dodawać i odczytywać wartości poprzez odwołanie się do klucza – przykłady: DynamoDB, Azure Table Store, Berkeley DB, Oracle NOSQL Database, Voldemort, OpenLDAP, Genomu, Riak, Redis, Aerospike, TIBCO Active Spaces, allegro-C, BoltDB,
- grafowe - bazy te oparte są na teorii grafów. Nie wykorzystują indeksów, tylko wskaźniki połączone z przylegającymi elementami. Pozwala to na szybsze wyszukiwanie danych w stosunku do relacyjnych baz - np. Neo4J, Infinite Graph, TITAN, InfoGrid, HyperGraphDB, Bigdata, AllegroGraph,

[121] J. Kelly, *Big Data: Hadoop, Business Analytics and Beyond...*, op. cit.
[122] Kolumnowa baza firmy Google dostępna w GAE (Google App Engine). Ma bardziej skomplikowaną strukturę niż większość baz NoSQL (hierarchiczność i wielowymiarowość). Przeznaczona do obsługi bardzo dużych ilości
danych na wielu serwerach dostępnych masowo. *Narzędzia i trendy Big Data...*, op. cit.
[123] *Narzędzia i trendy Big Data...*, op. cit.
[124] Bazujący na Dremel, dostępny od 2010, https://cloud.google.com/bigquery/, (27.04.2015).
[125] *Narzędzia i trendy Big Data...*, op. cit.

- obiektowe - struktura takiej bazy przypomina model wykorzystywany w obiektowych językach programowania wysokiego poziomu. Dzięki zastosowaniu takiego rozwiązania nie jest konieczne mapowanie z modelu relacyjnego na obiektowy, pozwala to znacznie skrócić czas dostępu do danych – przykłady: db4o, Objectivity, VelocityDB, HSS Database, ZODB[126],
- mieszane – np. ArangoDB, Datomic, AlchemyDB, FatDB,
- gridowe/cloudowe – np. Oracle Coherence, GigaSpaces, GemFire[127],
- i wiele innych[128] [129].

Dzięki wdrożeniu NoSQL mogą zostać osiągnięte korzyści takie, jak: poprawa zrozumienia danych, możliwość gromadzenia danych niestrukturalnych, skalowalność i elastyczność bazy oraz potencjalna możliwość tworzenia unikalnych modeli biznesowych opartych na wielu danych, których wcześniej nie można było uwzględnić w analizach[130].

II.4. Bazy danych MPP o masywnym przetwarzaniu równoległym

W przeciwieństwie do tradycyjnych hurtowni danych, bazy danych o masywnym przetwarzaniu równoległym (*MPP - massively parallel analytic databases*) są w stanie szybko przetworzyć dużą ilość ustrukturyzowanych danych, przy minimalnym wymogu modelowania danych[131]. Bazy relacyjne MPP są także zaliczane do kategorii Big Data, ponieważ są z natury o dużej skali i rozproszone. Jednak są bardzo kosztowne w zakupie i utrzymaniu[132].

Właściwości baz danych MPP:

- możliwość skalowania na kilku węzłach (*nodes*) w przypadku dużych systemów,

---

126 http://mfiles.pl/pl/index.php/Baza_NoSQL, (27.04.2015).
127 Matuszak P., *Przetwarzanie w chmurze...*, op. cit.
128 Pełna lista jest dostępna na http://www.nosql-database.org, (27.04.2015).
129 K. Goczyła, *Big Data i 5V Nowe wyzwania w świecie danych*, 10.09.2014, http://infobazy.gda.pl/2014/pliki/prezentacje/d3s1e1-Goczyla-Big.pdf, (27.04.2015).
130 M. Tabakow, J. Korczak, B. Franczyk, *Big Data...*, op. cit., s. 150.
131 J. Kelly, *Big Data: Hadoop, Business Analytics and Beyond...*, op. cit.
132 J. Muszyński, 08.07.2013, *Hadoop...*, op. cit.

- przetwarzanie dużej ilości danych na wielu komputerach symultanicznie. Rezultatem jest znacznie wyższa wydajność niż tradycyjnych hurtowni danych,
- częste przechowywanie danych w kolumnach (które zawierają dane niezbędne do określenia "odpowiedzi" do danego zapytania),
- jeden typ danych w kolumnie pozwala na wysoką kompresję[133],
- w niektórych bazach MPP przetwarzanie dużej ilości danych odbywa się w pamięci serwera (*in-memory*) w trybie czasu rzeczywistego, w celu dostarczenia natychmiastowych wyników obliczeń analitycznych opartych o poszczególne transakcje (np. SAP HANA, Microsoft PowerPivot, QlikView, Tableau, Tibco Spotfire, oraz rozszerzenia do baz relacyjnych Oracle - TimesTen, IBM – solidDB, MySQL)[134].

MPP nie są przeznaczone do przetwarzania i analizowania semi-strukturalnych i nieustrukturyzowanych danych, które się również poddaje analizie jako Big Data.

Hadoop, bazy NoSQL i MPP nie wykluczają się wzajemnie. Wikibon uważa, że te trzy podejścia się uzupełniają i mogą, i powinny współistnieć w wielu przedsiębiorstwach, obok istniejących technologii zarządzania danymi. Hadoop wyróżnia się w przetwarzaniu i analizowaniu dużych wolumenów danych rozproszonych, nieuporządkowanych w sposób wsadowy, do analizy historycznej. Bazy NoSQL celują w przechowywaniu i obsługiwaniu danych o wielu strukturach w czasie zbliżonym do rzeczywistego dla aplikacji Big Data. MPP sprawdzają się w dostarczaniu analizy w czasie rzeczywistym dużych ilości danych, głównie ustrukturyzowanych.

Aby w pełni skorzystać z Big Data, przedsiębiorstwa muszą stosować techniki zaawansowanej analityki na przetwarzanych danych, aby odkryć istotne zależności i powiązania. Badacze danych *(data scientists)* wykonują tę pracę w jednym z kilku języków lub podejść, np. R lub Python. R to interpretowany język programowania

---

[133] J. Kelly, *Big Data: Hadoop, Business Analytics and Beyond...*, op. cit.

[134] R. Gabinowski, *Subiektywny przegląd rynku BI i jego przyszłość,* 2012, s. 16-17, https://robertjesionek.files.wordpress.com/2012/08/nowa-twarz-bi-raport1.pdf, (27.04.2015).

oraz środowisko do obliczeń statystycznych i wizualizacji wyników. R jest wykorzystywany w wielu znanych firmach, w tym m.in. w Facebook, Google, Merck, Altera, Pfizer, LinkedIn, Shell, Novartis, Ford, Mozilla czy Twitter. Producenci komercyjnych pakietów statystycznych (SPSS, SAS, RapidMiner, Statistica) oferują dedykowane mechanizmy zapewniające ich współpracę z R[135]. Python to język programowania wysokiego poziomu ogólnego przeznaczenia, o rozbudowanym pakiecie bibliotek standardowych, którego ideą przewodnią jest czytelność i klarowność kodu źródłowego. Jego składnia cechuje się przejrzystością i zwięzłością[136].

Wyniki analizy Big Data mogą być wizualizowane za pomocą narzędzi, takich jak Tableau lub innych[137].

II.5. Trendy

Analityka wielkich zbiorów danych jest w fazie szybkiego rozwoju i dla wielu osób brak wypracowanych standardów i ciągła zmienność mogą być czynnikami zniechęcającymi do poważnego zastosowania rozwiązań opartych na Big Data.

Oczekiwania i technologie związane z analityką Big Data zmieniają się w zawrotnym tempie. Można wytypować kilka ważniejszych nurtów i zagadnień[138], przy czym niektóre z nich zostały już poruszone wcześniej.

1. Analityka Big Data w chmurze (*cloud*)

Chociaż Hadoop został stworzony z myślą o pracy na fizycznych maszynach, obecnie dostępnych jest coraz więcej technologii umożliwiających przetwarzanie danych w „chmurze" – wśród nich: Amazon Redshift, Google BigQuery, IBM Lumix czy Amazon Kinesis. Wydaje się, że w przyszłości rozwiązania Big Data będą hostowane hybrydowo – lokalnie oraz w „chmurze".

[135] http://pl.wikipedia.org/wiki/R_(j%C4%99zyk_programowania), (27.04.2015).
[136] http://pl.wikipedia.org/wiki/Python, (27.04.2015).
[137] J. Kelly, *Big Data: Hadoop, Business Analytics and Beyond...*, op. cit.
[138] A. Steliński, *Osiem najważniejszych trendów big data*, 29.10.2014, http://www.computerworld.pl/news/399634_1/Osiem.najwazniejszych.trendow.big.data.html, (27.04.2015).

2. Hadoop: nowy biznesowy system zarządzania danymi

Możliwe jest wykorzystanie w firmie Hadoopa jako centralnego, korporacyjnego huba danych (platformy), dzięki któremu będą one analizowane i wykorzystywane z szybkością porównywalną z tradycyjnymi aplikacjami do zarządzania informacją. Możliwość uruchamiania na zbiorach danych wielu różnych zapytań i operacji sprawi, że Hadoop ma szansę stać się pojedynczą, uniwersalną i tanią w utrzymaniu platformą do przechowywania i analizowania danych[139]. Ponadto, HBase, Impala, MapR DB, Storm, Spark, YARN i inne oznaczają, że Hadoop może także wspierać zarówno aplikacje transakcyjne, jak i dane strumieniowe[140].

3. Coraz większa popularność baz NoSQL

Przez lata SQL był standardem zapytań do danych. NoSQL został stworzony, żeby zapewnić skalowalność, elastyczność dostępu do olbrzymich źródeł danych. MarkLogic, Cassandra, Couchbase, MongoDB rozwijają się w niesamowitym tempie, zyskując coraz większe wdrożenia. Obecnie jest rozwijanych ok. 15–20 baz NoSQL, z których każda ma swoją specjalizację. Jest np. ArangoDB – z funkcjami bazy grafowej, umożliwiająca szybkie, bezpośrednie analizowanie sieci zależności pomiędzy kontrahentami i klientami. Takie bazy były na rynku od dawna, ale teraz zaczęły szybko zdobywać użytkowników, bo dają dokładnie takie możliwości prowadzenia analiz, jakich oczekują klienci[141].

4. Analityka w czasie rzeczywistym, czyli *real-time processing/analysis*

Apache Spark jest jednym z narzędzi *open source* umożliwiającym w pamięci *(in-memory)* błyskawiczną analizę danych w czasie rzeczywistym. To nowy, bardzo szybki system analizy dużej ilości danych, zbudowany w oparciu o leniwe kolekcje rozproszone (*RDD - Resilient Distributed Datasets*). Spark może używać dowolnych danych Hadoopa (np. HDFS, HBase, Cassandra, Hive), może działać w modelu

---

[139] Ibidem.

[140] C. Twogood, *Eight Hadoop Trends For 2015*, 05.02.2015, http://www.forbes.com/sites/teradata/2015/02/05/eight-hadoop-trends-for-2015/, (25.05.2015).

[141] A. Steliński, Osiem najważniejszych trendów…, op. cit.

MapReduce, ale również w innych (np. tryb interaktywny lub strumienie danych)[142]. Spark umożliwia wykonywanie aplikacji w klastrach Hadoop do 100 razy szybciej w pamięci i 10 razy szybciej, nawet podczas pracy na dysku. Oprócz MapReduce, obsługuje też język zapytań SQL (Spark SQL), strumienie danych, uczenie maszynowe i grafowe przetwarzanie danych[143 144].

Apache Storm jest darmowym i otwartym rozproszonym system obliczeń w czasie rzeczywistym, który ułatwia przetwarzanie nieograniczonych strumieni danych, „robiąc" dla przetwarzania w czasie rzeczywistym to, co Hadoop zrobił dla przetwarzania wsadowego[145].

Jest on bardziej skoncentrowany na procesowaniu strumieni (*stream processing*)[146], ale również wykonuje przetwarzanie mikro wsadowe (*micro-batching* – Storm Trident). Spark z kolei jest przetwarzaniem wsadowym (*batch processing*), który również „robi" przetwarzanie mikro wsadowe (*micro-batching* – Spark Streaming)[147].

Coraz częściej firmy odchodzą od samego Hadoopa na rzecz hybrydowych rozwiązań, tzn. obok Hadoopa często mają Apache Spark i bazy NoSQL, co daje im większą elastyczność[148].

5. Analityka *in-memory*, czyli w pamięci operacyjnej komputera

Bazy danych in-memory są to bazy, które przechowują dane w pamięci operacyjnej komputera. Ten rodzaj baz jest znacząco szybszy od baz dyskowych, ponieważ procesor ma bezpośredni dostęp do danych. Wadą baz in-memory jest to, że pamięć RAM po utracie zasilania gubi dane na niej zapisane, chyba że się wprowadzi różne

---

142 S. Penchikala, *Big Data Processing with Apache Spark – Part 1: Introduction*, 30.01.2015, http://www.infoq.com/articles/apache-spark-introduction, (27.04.2015).

143 Ibidem.

144 S. Penchikala, *Big Data Processing with Apache Spark - Part 2: Spark SQL*, 16.04.2015, http://www.infoq.com/articles/apache-spark-sql, (27.04.2015).

145 *Apache Storm & Chmura Azure – Doskonałe Rozwiązanie Big Data*, 18.10.2014, http://pl.opennessatcee.com/post/100337340993/apache-storm-chmura-azure-doskonale, op. cit.

146 P. Taylor Goetz, *Apache storm vs. Spark Streaming*, 11.08.2014, http://www.slideshare.net/ptgoetz/apache-storm-vs-spark-streaming, (27.04.2015).

147 http://stackoverflow.com/questions/24119897/apache-spark-vs-apache-storm, (27.04.2015).

148 B. Latamore, *Wikibon forecasts Hadoop-NoSQL market to hit $3 billion by 2017*, 02.01.2015, http://siliconangle.com/blog/2015/01/02/wikibon-forecasts-hadoop-nosql-market-to-hit-3-billion-by-2017/, (27.04.2015).

technologie, które będą temu przeciwdziałać. Rozmiar jest ograniczony wielkością pamięci RAM[149]. Odpowiednio skonfigurowane i wdrożone bazy in-memory świetnie sprawdzają się we wszystkich zastosowaniach, w których niezbędna jest wydajność – wiele firm korzysta np. z hybrydowych rozwiązań HTAP (*hybrid transaction/analytical processing*), w których transakcje i analityka działają w jednej, uruchomionej w pamięci, bazie danych. Chociaż HTAP umożliwia szybsze analizowanie danych, to wszystkie transakcje muszą być przechowywane w tej samej bazie danych[150].

Produkty wspierające in-memory to, np.: MemSQL Microsoft SQL Server (od wersji 2012), SAP HANA, solidDB, WebDNA, VoltDB[151]. VoltDB jest relacyjną bazą in-memory, która umożliwia analizę danych napływających strumieniem (*data stream*), a wyniki analizy są otrzymywane w czasie zbliżonym do rzeczywistego[152]. VoltDB oczekuje, że zastąpi w przyszłości Spark Streaming, Storm i inne narzędzia[153].

6. SQL na Hadoop (*SQL-on-Hadoop*)

Z narzędziem SQL na Hadoop (*SQL-on-Hadoop*), jest możliwe, aby uzyskać dostęp do Big Data przechowywanych na Hadoopie za pomocą znanego języka zapytań SQL. Pierwszym SQL-on-Hadoop był Apache Hive, który już od dawna oferuje strukturalny, zbliżony do SQL, język dla Hadoopa[154]. W ostatnim czasie pojawiło się wiele nowych, które zapewniają większą wydajność i cały czas stają się coraz szybsze[155], jak np.: Cloudera Impala, Shark, Apache Drill, EMC/Pivotal HAWQ, BigSQL firmy IBM, Hadapt, MemSQL czy Presto (Facebook)[156] [157].

---

[149] W. Stasiński, *Bazy danych rezydujące w pamięci operacyjnej komputera (in-memory)*, http://slideplayer.pl/slide/832535/, (27.04.2015).

[150] A. Steliński, *Osiem najważniejszych trendów...*, op. cit. .

[151] Ibidem.

[152] R. Gabinowski, *Subiektywny przegląd rynku BI...*, op. cit.

[153] D. Henschen, *MemSQL, VoltDB Vie For In-Memory Big Data Role*, 12.02.2015, http://www.informationweek.com/big-data/big-data-analytics/memsql-voltdb-vie-for-in-memory-big-data-role/d/d-id/1319071, (27.04.2015).

[154] A. Steliński, *Osiem najważniejszych trendów...*, op. cit.

[155] Ibidem.

[156] R. van der Lans, *Selecting the right SQL-on-Hadoop engine to access big data*, March 2014, http://searchbusinessanalytics.techtarget.com/feature/Selecting-the-right-SQL-on-Hadoop-engine-to-access-big-data, (27.04.2015).

7. Jezioro danych (*data lake*)

Tradycyjne – bazodanowe – podejście do przechowywania danych przewiduje, że zbiór danych musi zostać zaprojektowany przed wprowadzeniem do niego informacji. Koncept "jeziora danych" *(data lake)*, dużej masy danych, które istnieją w naturalnym, nieprzetworzonym stanie powstał niedawno. Wychodzi się tutaj z założenia, że należy zebrać wszystkie możliwe źródła danych, umieścić informacje z nich w jednym wspólnym repozytorium Hadoop, nie projektując wcześniej zbioru danych. Zamiast tego dostarcza się użytkownikom narzędzia do analizowania danych oraz precyzyjne definicje tego, jakie dokładnie dane znalazły się w jeziorze[158] [159].

Nawet najbardziej zaawansowane firmy technologiczne: Google, Facebook, nie mają jeszcze na to dobrych rozwiązań. "Jezioro danych" według Gartnera będzie wymagało całkowitej zmiany koncepcji zarządzania[160].

8. „Głębokie uczenie", czyli *deep learning*

Deep learning – czyli zestaw technik uczenia się maszyn oparty na sieciach neuronowych – wciąż jest na etapie rozwoju, ale już teraz wykazuje ogromny potencjał biznesowy. To rozwiązanie pozwala komputerom na skuteczne identyfikowanie interesujących je informacji w ogromnych zbiorach nieustrukturyzowanych danych, a także na rozpoznawanie połączeń pomiędzy nimi, bez specjalnych modeli i instrukcji programistycznych[161].

9. Bazy grafowe (*graph computing*)

---

[157] M. Rathbone, *8 SQL-on-Hadoop frameworks worth checking out,* 08.06.2014, http://blog.matthewrathbone.com/2014/06/08/sql-engines-for-hadoop.html#presto-by-facebookpresto, (27.04.2015).

[158] A. Steliński, *Osiem najważniejszych trendów...,* op. cit.

[159] W. Jóźwicki, *Big Data & Analytics Optymalizacja biznesu,* 05.02.2014, http://technologies.scapaflow.pl/files/Big%20Data%20-%20whitepaper.pdf, (27.04.2015).

[160] P. Reszka, *Top 7 trendy w Big Data 2015...,* op. cit.

[161] A. Steliński, *Osiem najważniejszych trendów...,* op. cit.

Coraz częściej na znaczeniu zyskuje wykorzystanie reprezentacji grafowej relacji między danymi w eksploracji danych[162] [163]. Jedną z najbardziej popularnych baz grafowych jest Neo4J - nierelacyjna, rozproszona baza danych z transakcjami. Jest wybierana, kiedy model danych odwzorowuje graf (sieci społecznościowe, grupy zainteresowań, systemy klasyfikacji w biologii)[164]. Inne to np. Titan, OrientDB czy InfiniteGraph[165] [166].

Gremlin (język do trawersacji grafów[167], grafowy język zapytań) i Apache Giraph (iteracyjny system przetwarzania grafów stworzony z myślą o wysokiej skalowalności. Powstał jako odpowiednik Pregel, architektury przetwarzania grafów opracowanej w Google[168]. Giraph jest obecnie wykorzystywany przez Facebook do analizy *Social Graph* (graf sieci) jego użytkowników i połączeń występujących między nimi. Pracuje na Hadoopie[169]. Często są używane w połączeniu z grafowymi bazami, jak Neo4J czy InfiniteGraph[170].

10. Uczenie maszynowe (*machine learning*)

Zamiast tradycyjnego podejścia do analiz statystycznych opartego na hipotezach, w ramach którego analityk lub decydent stawia hipotezę, a potem testuje dane pod jej kątem, w analizie Big Data częściej stosowane jest podejście nazywane „uczeniem

---

162 N. Yuhanna, *Making Sense of Graph Database*, http://www.cs.utexas.edu/~cannata/dbms/Class%20Notes/09%20objectivityforresterwebinarslidesyuhannaclarkfinal-140717171322-phpapp01.pdf, (27.04.2015).

163 L. Ching-Yung, *Linked Big Data — Graph Computing (I)*, 30.10.2014, http://www.ee.columbia.edu/~cylin/course/bigdata/EECS6893-BigDataAnalytics-Lecture9.pdf, (27.04.2015).

164 *Narzędzia i trendy Big Data...*, op. cit..

165 C. Menguy, *Graph Processing Using Big Data Technologies*, 17.03.2014, http://www.infoq.com/news/2014/03/graph-bigdata-tapad, (27.04.2015).

166 P. Adlinger, *Graph DBMS increased their popularity by 500% within the last 2 years*, 03.03.2015, http://db-engines.com/en/blog_post/43, (27.04.2015).

167 *Wielkie przygody w małych światach*, 13.09.2012, https://maleswiaty.wordpress.com/2012/09/13/gremlin/, (27.04.2015).

168 G. Malewicz, M. H. Austern, A. J. C. Bik, J. C. Dehnert, I. Horn, N. Leiser, G. Czajkowski, *Google's Pregel: A System for Large-Scale Graph Processing*, 18.09.2013, http://www.slideshare.net/WeiruDai/pregel-27339969, (27.04.2015).

169 *Już Dostępne: Dostosowanie Klastrów Azure HDInsight + Więcej Szablonów dla Projektów Hadoop*, 09.01.2015, http://pl.opennessatcee.com/post/107591622028/juz-dostepne-dostosowanie-klastrow-azure, (27.04.2015).

170 T. Gasper, *Big Data Right Now: Five Trendy Open Source Technologies*, 27.10.2012., http://techcrunch.com/2012/10/27/big-data-right-now-five-trendy-open-source-technologies/, (27.04.2015).

maszynowym"[171]. Uczenie maszynowe (*machine learning*) to dyscyplina, która bada metody i algorytmy służące automatycznemu uczeniu się na podstawie danych, dzięki czemu systemy komputerowe dostosowują swoje działanie do informacji, które otrzymują. Pojęcie silnie związane jest z dziedzinami sztucznej inteligencji, eksploracji danych, metod statystycznych[172] [173]. Metoda ta, określana również „automatycznym modelowaniem", dopasowuje do danych szeroką gamę modeli, aby uzyskać maksymalną zgodność. Zaletą uczenia maszynowego jest możliwość bardzo szybkiego generowania modeli wyjaśniających i przewidujących relacje w szybko napływających danych. Wadą takich systemów jest z kolei fakt, że prowadzą one zwykle do wyników, które dość trudno jest zinterpretować i objaśnić. Wiadomo tylko, że program komputerowy stwierdził, iż określone zmienne są ważne w modelu, można mieć jednak problem ze zrozumieniem, dlaczego. Mimo to, tempo napływu i wolumen informacji w wielkich zbiorach danych sprawia, że w niektórych sytuacjach zastosowanie uczenia maszynowego jest kluczowe. Metoda ta jest szczególnie popularna np. w środowisku internetowych biur podróży, w którym firmy, takie jak Orbitz i KAYAK szybko opracowują w ten sposób modele predykcyjne, pozwalające stwierdzić, które spersonalizowane wyniki wyszukiwania hoteli i rankingi pokazać klientom[174]. Przykładowe narzędzia/biblioteki do uczenia maszynowego to: Apache Mahout, WEKA, scikit-learn, PyBrain, Elefant, OpenCV[175].

---

[171] T. H. Davenport, *Na rozdrożu Big Data: zwrot w kierunku inteligentniejszych doświadczeń z podróżowania,* 2013, http://www.amadeus.com/web/binaries/1332965486330/blobheader=application/pdf&blobheadername1=Content-Disposition&blobheadervalue1=attachment%3B+filename%3DBig+Data+-Raport.pdf., str. 8, (11.05.2015).

[172] http://algolytics.pl/analityka-predykcyjna-predictive-analytics-slownik-pojec/, (11.05.2015).

[173] Metody maszynowego uczenia się: drzewa klasyfikacyjne, algorytmy genetyczne, metoda uczenia się ze wzmocnieniem, sztuczne sieci neuronowe, uczenie się przez wyjaśnianie, uczenie się na podstawie zapytań. Dr J. Olejniczak, *Big Data...*, op. cit.

[174] T. H. Davenport, *Na rozdrożu Big Data: zwrot w kierunku inteligentniejszych doświadczeń z podróżowania...*, op. cit.

[175] *Narzędzia i trendy Big Data...*, op. cit..

11. Internet rzeczy/przedmiotów, czyli *Internet of Things*

Internet przedmiotów (również Internet rzeczy, *Internet of Things* - IoT) to koncepcja wedle której jednoznacznie identyfikowalne przedmioty mogą pośrednio albo bezpośrednio gromadzić, przetwarzać lub wymieniać dane za pośrednictwem sieci komputerowej. Do tego typu przedmiotów zaliczają się między innymi urządzenia gospodarstwa domowego, artykuły oświetleniowe i grzewcze[176]. Według Business Insider: w 2016 r. IoT stanie się największym rynkiem branży IT wartym ponad 200 miliardów dolarów, generując rocznie dziesiątki tysięcy eksabajtów danych i tworząc nowe gałęzie gospodarki. Do 2019 r. ma pojawić się 35 miliardów połączonych ze sobą urządzeń - samochodów, sprzętów AGD/RTV, technologii ubieralnych, czujników w inteligentnych domach i miastach. Zdaniem ekspertów, wielkość rynku IoT przewyższa połączone branże komputerów PC, tabletów i smartfonów[177] [178]. Według IDC, wartość polskiego rynku IoT podwoi się z 1,5 mld dolarów w 2014 r. do 3,1 mld USD w 2018 r., a największą kategorią IoT w Polsce będzie rynek rozwiązań do monitoringu floty. Najszybciej rozwijającą się kategorią będą inteligentne urządzenia domowe – sektor *smart home* ma rosnąć w Polsce o 46% rocznie. Bardzo szybko będzie też rósł obszar inteligentnych samochodów, cyfrowych ofert sklepowych oraz inteligentnych budynków[179].

II.6. Podsumowanie

Większość współczesnych rozwiązań/narzędzi dedykowanych Big Data występuje w trzech formach: jako oprogramowanie, jako urządzenie, w chmurze. Big Data jest obecnie synonimem technologii, takich jak Hadoop, baz danych NoSQL (jak np. MongoDB, Cassandra) czy baz MPP o masywnym przetwarzaniu równoległym. Hadoop, bazy NoSQL i MPP nie wykluczają się wzajemnie - mogą i

[176] http://pl.wikipedia.org/wiki/Internet_przedmiot%C3%B3w, (27.04.2015).
[177] *Internet Rzeczy: rynek będzie wart ponad 200 mld dolarów w 2016 roku,* 14.04.2015, http://www.bankier.pl/wiadomosc/Internet-Rzeczy-rynek-bedzie-wart-ponad-200-mld-dolarow-w-2016-roku-3322241.html, (27.04.2015).
[178] M. Duszczyk, *IDC: Boom na technologie wearables*, 11.06.2015, http://www.rp.pl/artykul/1207893.html, (13.06.2015).
[179] M. Duszczyk, *Wydatki na Internet Rzeczy w Polsce przekroczą 3 mld dol.,* 11.06.2015, http://www.rp.pl/artykul/1207896.html, (13.06.2015).

powinny współwystępować, obok istniejących już technologii zarządzania danymi. Oczekiwania i technologie związane z analityką Big Data zmieniają się w szybkim tempie. Kilka ważniejszych trendów, które pojawiły się w ostatnim czasie to, np. analityka Big Data w chmurze, w czasie rzeczywistym i in-memory, coraz większa popularność baz NoSQL, SQL na Hadoop, Jezioro danych, „głębokie uczenie", bazy grafowe, uczenie maszynowe, czy Internet rzeczy.

Rozdział III. Porównanie narzędzi Big Data do analizy danych rozproszonych o konsumencie w polskich i zagranicznych firmach

III.1. Narzędzia Big Data do analizy danych rozproszonych o konsumencie w polskich i zagranicznych przedsiębiorstwach

Potencjał tkwiący w metodach analizy Big Data jest już od kilku lat skutecznie wykorzystywany przez firmy internetowe. Obecnie podobny trend zaczyna być obserwowany w sektorze telekomunikacyjnym, finansowym czy handlu[180]. Analityka wielkich zbiorów danych jest najczęściej i najchętniej wykorzystywana w branżach, w których szczególne znaczenie dla sukcesu ma kontakt z klientem i konieczność dostosowania oferty oraz przekazu do jego potrzeb[181], jak np. w sektorze finansów, bankowości i ubezpieczeń. Nie ma jednak żadnych przeszkód, by Big Data stosować właściwie w każdej gałęzi przemysłu i usług, w największych firmach, jak i w małych i średnich przedsiębiorstwach. Można w ten sposób zbadać przyzwyczajenia, czy preferencje klientów, tworzyć bardziej zoptymalizowane oferty[182]. Kluczem do sukcesu jest jednak zadanie właściwych pytań biznesowych i odpowiednia selekcja danych do analizy[183].

Poniżej przedstawione zostały wyniki badania ankietowego przeprowadzonego w okresie kwiecień-maj 2015. Badanie miało na celu zgromadzenie informacji na temat używanych obecnie narzędzi Big Data w polskich i zagranicznych przedsiębiorstwach i instytucjach, sprawdzeniu, jakie dane są poddawane analizie.

[180] T. Gutkowski, *Big Data w biznesie: jak handel, bankowość czy transport korzystają z big data*,17.12.2014, http://www.web.gov.pl/wiedza/587_4420_big-data-w-biznesie-jak-handel-bankowosc-czy-transport-korzystaja-z-big-data.html, (02.06.2015).

[181] Raport „Computerworld", *Big Data+ Systemy analityki wielkich zbiorów danych w polskich organizacjach,* wrzesień 2014, s. 3, bigdata.hbrp.pl/download/?name=BIG_DATA, (27.04.2015).

[182] T. Gutkowski, *Big Data...*, op. cit.

[183] Deloitte Advisory SP z o.o., *Big Data także dla małych i średnich firm...*, op. cit.

Ankietę wysłano do ponad 100 firm w Polsce i 50 za granicą. Uzyskano odpowiedzi od 55 polskich respondentów i 19 zagranicznych.

Należy mieć na uwadze to, że nie jest to reprezentatywna próba, a wyników nie można uogólnić. W badaniu wzięły udział największe polskie przedsiębiorstwa (przykładowo PKN Orlen, PZU, T-Mobile, Polkomtel, Play, Wirtualna Polska, Onet, Interia, Allegro, Alior Bank, Procter & Gamble), instytucje (np. Ministerstwo Administracji i Cyfryzacji, straż miejska) i zagraniczne (np. Facebook, Twitter, LinkedIn, eBay, Amazon.com, Alibaba, Apple, Motorola, Vodafone, Tesco i inne). Ankietowane firmy reprezentują szeroki przekrój sektorów gospodarki oraz wielkości – od małych przedsiębiorstw po wielkie korporacje, w tym firmy i instytucje o silnych, powszechnie rozpoznawalnych markach[184]. Przedstawione zostały wyniki z 8 branż w Polsce i 2 zagranicznych, dla których uzyskano najwięcej odpowiedzi. Ankieta stanowi Załącznik nr 2.

Firmy zaczynają powoli odnosić wymierne korzyści biznesowe płynące z praktycznego wdrożenia rozwiązań Big Data w ich działalności operacyjnej. Przedsiębiorstwa używają zarówno tradycyjnych rozwiązań Business Intelligence[185] (Oracle, Microsoft, SAS), jak i różnych technologii Big Data (Hadoop, Cassandra, MongoDB), komercyjnych, i open source (np. R, Python). Nie da się zastąpić metod tradycyjnych rozwiązaniami Big Data, i odwrotnie, należy stosować równolegle obie metody, a zastosowanie tych dwóch rozwiązań pozwoli na osiągnięcie najlepszego wyniku końcowego[186]. Na ogół w firmach stosuje się po kilka narzędzi/oprogramowania dedykowanych Big Data równocześnie np. do pozyskiwania danych, do Business Intelligence i dużych hurtowni danych, baz NoSQL, czy analizy i wizualizacji danych (Rysunek 7).

---

[184] Raport „Computerworld", *Big Data+...*, op. cit.

[185] Business Intelligence (również analityka biznesowa) jest pojęciem o bardzo szerokim znaczeniu. Najbardziej ogólnie można przedstawić je jako proces przekształcania danych w informacje, a informacji w wiedzę, która może być wykorzystana do zwiększenia konkurencyjności przedsiębiorstwa. http://pl.wikipedia.org/wiki/Business_intelligence, (04.06.2015).

[186] G. Chmielowski, T. Przybyszewski, *Praktyczne zastosowanie metod analitycznych Big Data. Jak zwiększyć lojalność klientów?*, „HBRP" nr 130-131, grudzień-styczeń 2013, http://www.hbrp.pl/nie_przeocz.php?id=1172&t=raport-praktyczne-zastosowanie-metod-analitycznych-big-data, (27.04.2015).

Rysunek 7. Rodzaje narzędzi dedykowanych Big Data

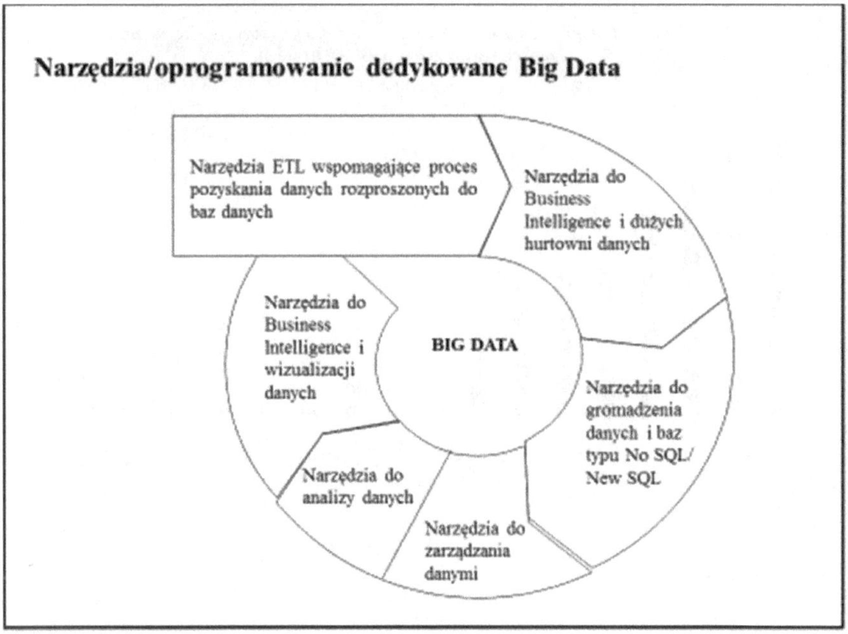

Źródło: Opracowanie własne.

III.2. Narzędzia ETL wspomagające proces pozyskania danych rozproszonych dla baz danych stosowane w polskich i zagranicznych przedsiębiorstwach

Najpopularniejszym oprogramowaniem ETL (*Extract, Transform and Load)*[187] wspomagającym proces pozyskania danych rozproszonych dla baz danych według liczby wskazań z ankiet w Polsce w badanym okresie było firm: Microsoft, Oracle, SAS, potem IBM, Informatica i SAP. Niektóre firmy stosują Sqoop (branża IT/Ecommerce) i własne oprogramowanie (kategoria „Inne”). Za granicą wygląda to inaczej – na pierwszym miejscu jest Splunk, potem Oracle, Talend i HP Vertica. Firmy zagraniczne bardzo często rozwijają własne rozwiązania ETL (np. Facebook, Amazon.com, Alibaba) (Wykres 1 i 2).

[187] ETL (*Extract, Transform, Load*) – proces w hurtowni danych odpowiedzialny za pobranie danych z jednego źródła, przekształcenie ich w taki sposób, aby odpowiadały procesom, do których będą stosowane, a następnie załadowaniu ich do docelowej bazy danych, http://algolytics.pl/analityka-predykcyjna-predictive-analytics-slownik-pojec/, (11.05.2015).

Wykres 1. Narzędzia ETL wspomagające proces pozyskania danych rozproszonych dla baz danych używane w polskich firmach według liczby wskazań

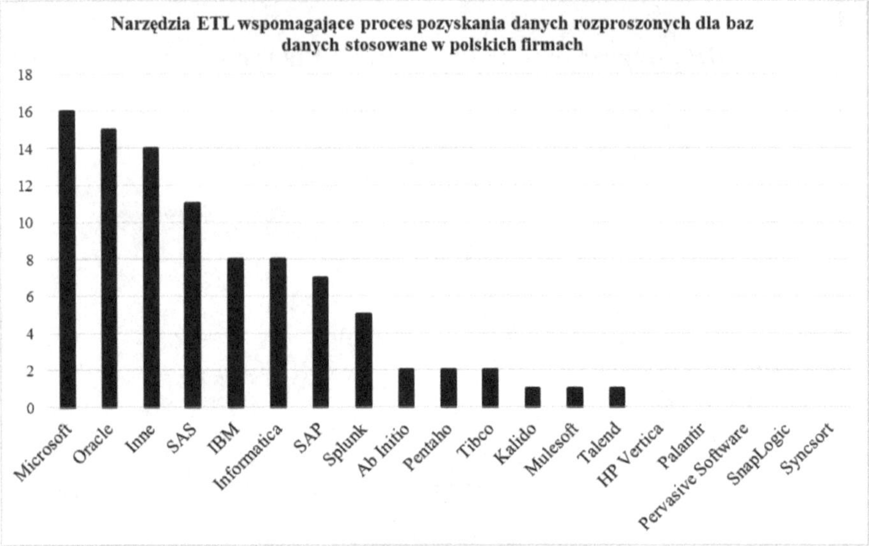

Źródło: Opracowanie własne.

Wykres 2. Narzędzia ETL wspomagające proces pozyskania danych rozproszonych dla baz danych używane w zagranicznych firmach według liczby wskazań

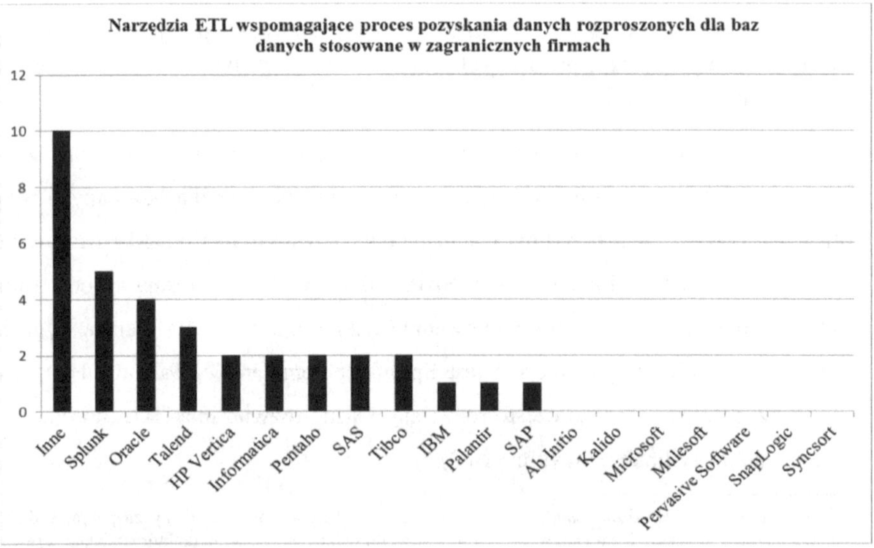

Źródło: Opracowanie własne.

Oprogramowanie ETL firmy Microsoft jest najczęściej używane w Polsce w branży IT/Ecommerce, energetyce i w sektorze publicznym; Oracle w FMCG; SAS w firmach ubezpieczeniowych; IBM w telekomunikacji i bankowości, zaś Splunk w mediach/reklamie (Tabela 3). Za granicą – inaczej niż w Polsce - w branży telekomunikacyjnej stosuje się rozwiązania firm Pentaho i Talend, zaś Oracle, Splunk i SAS w IT/Ecommerce (Tabela 4)

Tabela 3. Narzędzia ETL wspomagające proces pozyskania danych rozproszonych dla baz danych używane w polskich firmach według branż i liczby wskazań

Telekomunikacja	IBM
Bankowość	IBM, Oracle, SAS
IT/Ecommerce	Microsoft
Media/Reklama	Splunk, Microsoft
Energetyka/produkcja	Microsoft, SAS, SAP
Ubezpieczenia	SAS
Sektor publiczny	Microsoft, Oracle
FMCG/detal	Oracle

Źródło: Opracowanie własne.

Tabela 4. Narzędzia ETL wspomagające proces pozyskania danych rozproszonych dla baz danych używane w zagranicznych firmach według branż i liczby wskazań

Telekomunikacja	Pentaho, Talend
IT/Ecommerce	Oracle, Splunk, SAS

Źródło: Opracowanie własne.

III.3. Narzędzia do Business Intelligence i dużych hurtowni danych używane w polskich i zagranicznych przedsiębiorstwach

Najczęściej wymieniane narzędzia/systemy do Business Intelligence i dużych hurtowni danych (*BI Appliances and VLDW - very large data warehouse*) w Polsce to firm: Oracle, Microsoft i SAS. Za granicą zaś - Teradata Aster, potem Oracle, SAS i HP Vertica. Z innych -firmy stosują też. InfiniDB czy Redshift. (Wykres 3 i 4).

Wykres 3. Narzędzia/systemy do Business Intelligence i dużych hurtowni danych używane w polskich firmach według liczby wskazań

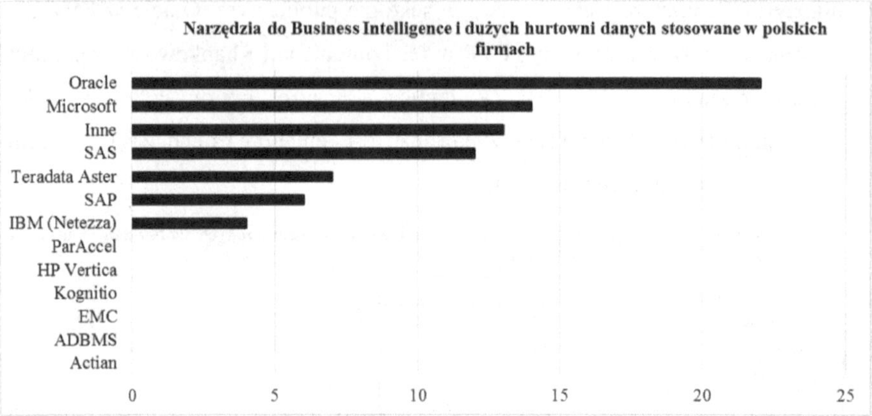

Źródło: Opracowanie własne.

Wykres 4. Narzędzia/systemy do Business Intelligence i dużych hurtowni danych używane w zagranicznych firmach według liczby wskazań

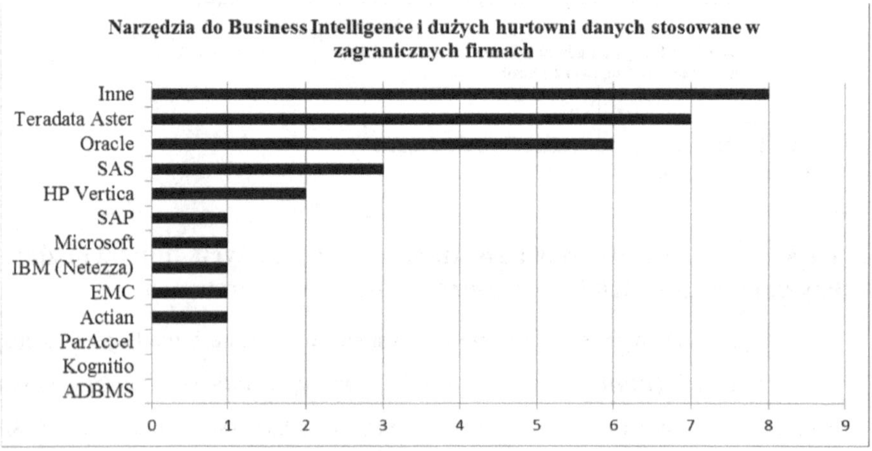

Źródło: Opracowanie własne.

Narzędzia do Business Intelligence i dużych hurtowni danych firmy Microsoft są najczęściej używane w Polsce w branży IT/Ecommerce, w mediach/reklamie, sektorze publicznym; Oracle w telekomunikacji i bankowości, FMCG; SAS w energetyce i branży ubezpieczeniowej (Tabela 5). Za granicą w branży telekomunikacyjnej stosuje się Teradata i SAS (Teradata też w Polsce), zaś w IT/Ecommerce – Teradata, Oracle (też w Polsce) i SAS (Tabela 6).

Tabela 5. Narzędzia/systemy do Business Intelligence i dużych hurtowni danych używane w polskich firmach według branż i liczby wskazań

Telekomunikacja	Oracle, Teradata
Bankowość	Oracle, SAS
IT/Ecommerce	Microsoft, Oracle
Media/Reklama	Microsoft, SAP
Energetyka/produkcja	SAS, SAP
Ubezpieczenia	SAS
Sektor publiczny	Microsoft, Oracle
FMCG/detal	Oracle

Źródło: Opracowanie własne.

Tabela 6. Narzędzia/systemy do Business Intelligence i dużych hurtowni danych używane w zagranicznych firmach według branż i liczby wskazań

Telekomunikacja	Teradata, SAS
IT/Ecommerce	Teradata, Oracle, SAS

Źródło: Opracowanie własne.

III.4. Narzędzia do gromadzenia danych i baz typu No SQL/ New SQL stosowane w polskich i zagranicznych przedsiębiorstwach

Najpopularniejsze narzędzia do gromadzenia danych i baz typu No SQL/ New SQL w Polsce to Hadoop (dystrybucji Cloudera i Hortonworks, MapR i inne – stanowi ok. 30% wszystkich odpowiedzi), potem Cassandra, MongoDB, Oracle i Amazon Web Services. Poza Polską to z kolei również: Hadoop (dystrybucji Cloudera i Hortonworks i dostosowywany na własne potrzeby wielu firm – 25% wszystkich odpowiedzi), potem Amazon Web Services, Teradata, MongoDB i Cassandra (Wykresy 5 i 6).

Wykres 5. Narzędzia do gromadzenia danych i baz typu No SQL/ New SQL stosowane w polskich firmach według liczby wskazań

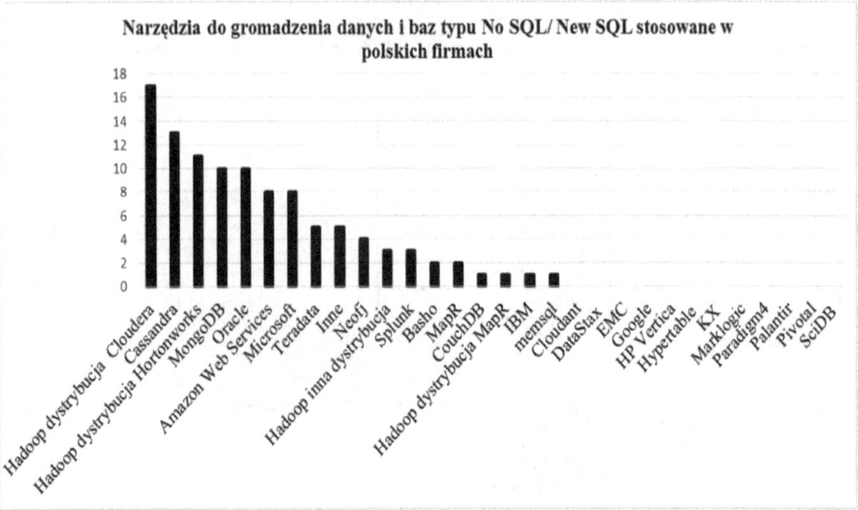

Źródło: Opracowanie własne.

Wykres 6. Narzędzia do gromadzenia danych i baz typu No SQL/ New SQL stosowane w zagranicznych firmach według liczby wskazań

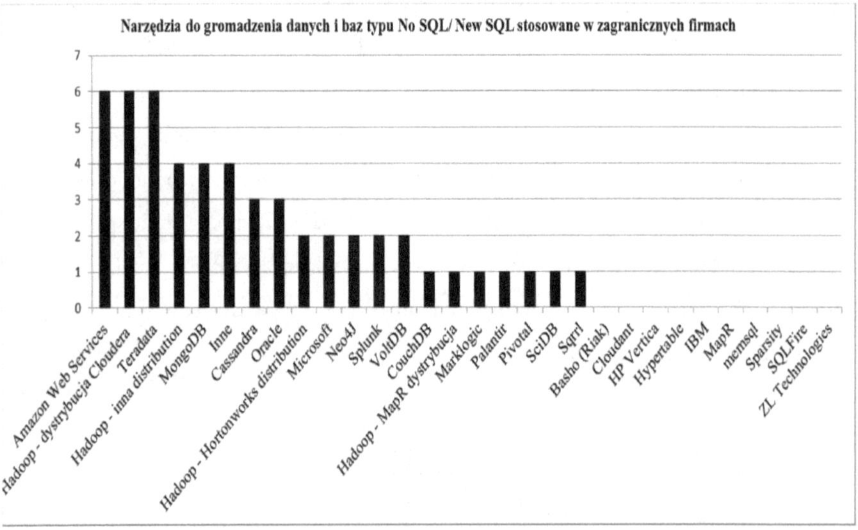

Źródło: Opracowanie własne.

Narzędzia do gromadzenia danych i baz typu No SQL/ New SQL Hadoop (głównie dystrybucji Cloudera) jest najczęściej używane w Polsce w branży IT/Ecommerce, telekomunikacji, w mediach/reklamie, FMCG, w branży ubezpieczeniowej; Teradata i Hadoop w bankowości; Microsoft w energetyce, zaś Splunk w sektorze publicznym (Tabela 7). Za granicą – podobnie, jak i w Polsce – dominuje Hadoop (różnych dystrybucji) w branży telekomunikacyjnej i IT/Ecommerce, i MongoDB (Tabela 8).

Tabela 7. Narzędzia do gromadzenia danych i baz typu No SQL/ New SQL stosowane w polskich firmach według branż i liczby wskazań

Telekomunikacja	Hadoop dystrybucja Hortonworks, Cassandra, MongoDB
Bankowość	Teradata, Hadoop dystrybucja Hortonworks, Cassandra, Neo4J
IT/Ecommerce	Hadoop dystrybucja Cloudera, Cassandra, Amazon Web Services, MongoDB
Media/Reklama	Hadoop dystrybucja Cloudera, Cassandra, MongoDB, Oracle
Energetyka/produkcja	Microsoft
Ubezpieczenia	Hadoop dystrybucja Cloudera, Oracle
Sektor publiczny	Splunk, Oracle
FMCG/detal	Hadoop dystrybucja Cloudera, Amazon Web Services, Oracle

Źródło: Opracowanie własne.

Tabela 8. Narzędzia do gromadzenia danych i baz typu No SQL/ New SQL stosowane w zagranicznych firmach według branż i liczby wskazań

Telekomunikacja	Teradata, Hadoop dystrybucja Cloudera, Hadoop dystrybucja Hortonworks, MongoDB
IT/Ecommerce	Hadoop dystrybucja Cloudera, Oracle, Amazon Web Services, Cassandra, CouchDB, MongoDB

Źródło: Opracowanie własne.

III.5. Narzędzia do zarządzania danymi Big Data używane w polskich i zagranicznych przedsiębiorstwach

W Polsce główne narzędzia do zarządzania danymi (*Data Governance*) to firm: Microsoft, Oracle, SAS i Informatica. Za granicą zaś głównie Oracle i Informatica. Z innych - przedsiębiorstwa zagraniczne używają Collibra i rozwijają własne rozwiązania (Wykresy 7 i 8).

Wykres 7. Narzędzia do zarządzania danymi stosowane w Polsce według liczby wskazań

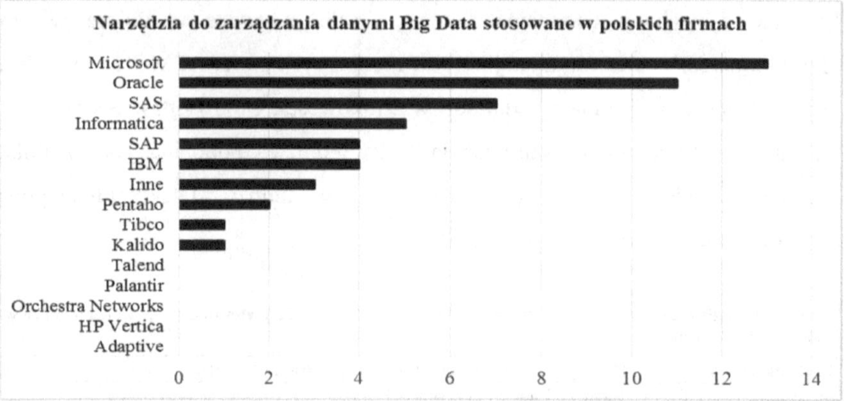

Źródło: Opracowanie własne.

Wykres 8. Narzędzia do zarządzania danymi stosowane w zagranicznych firmach według liczby wskazań

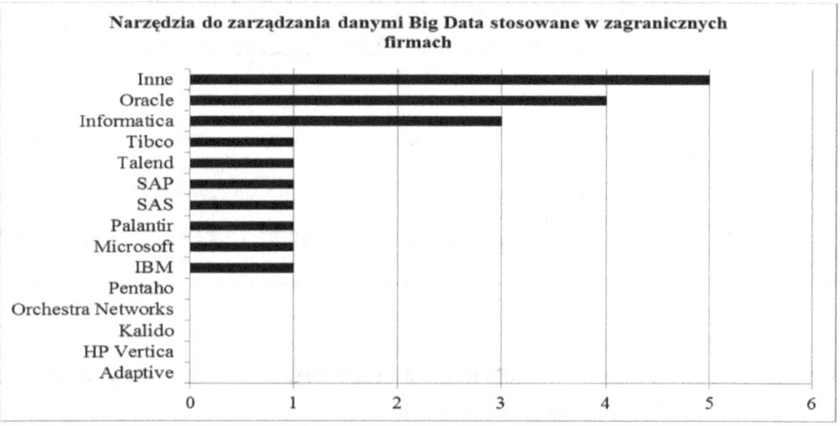

Źródło: Opracowanie własne.

Narzędzie do zarządzania danymi firmy Oracle jest najczęściej używane w Polsce w telekomunikacji, bankowości i FMCG; Microsoft w mediach/reklamie, energetyce, sektorze publicznym; IBM w branży ubezpieczeniowej, zaś Microsoft i Informatica w IT/Ecommerce (Tabela 9). Za granicą – podobnie, jak i w Polsce – w branży telekomunikacyjnej stosuje się rozwiązania firmy IBM i Informatica, zaś – inaczej niż w Polsce – firmy Oracle w IT/Ecommerce (Tabela 10).

Tabela 9. Narzędzia do zarządzania danymi Big Data stosowane w Polsce według branż i liczby wskazań

Telekomunikacja	Oracle, IBM, Informatica
Bankowość	Oracle, IBM, SAS
IT/Ecommerce	Informatica, Kalido, Microsoft
Media/Reklama	Microsoft
Energetyka/produkcja	Microsoft, SAS
Ubezpieczenia	IBM, Pentaho, SAS
Sektor publiczny	Microsoft, Oracle
FMCG/detal	Oracle

Źródło: Opracowanie własne.

Tabela 10. Narzędzia do zarządzania danymi Big Data stosowane w zagranicznych firmach według branż i liczby wskazań

Telekomunikacja	IBM, Informatica, SAS, Talend
IT/Ecommerce	Oracle

Źródło: Opracowanie własne.

III.6. Narzędzia do analizy danych Big Data stosowane w polskich i zagranicznych przedsiębiorstwach

W Polsce, podobnie, jak i za granicą, do analizy danych (*Analytics*) w głównej mierze są wykorzystywane: język R, Hive, Python, SAS, Spark i Pig (Wykresy 9 i 10).

Wykres 9. Narzędzia do analizy danych Big Data stosowane w firmach w Polsce według liczby wskazań

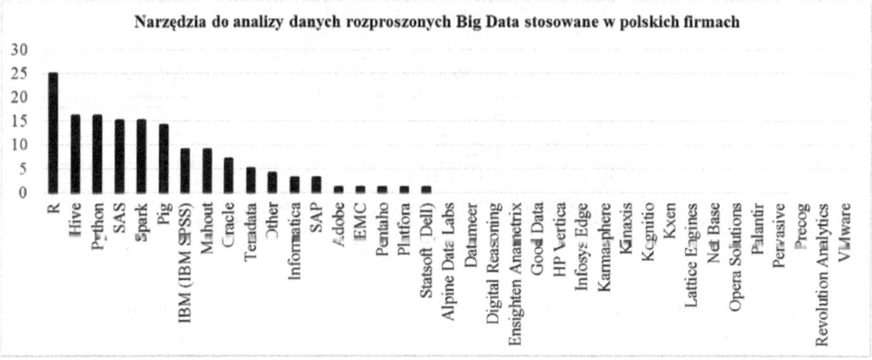

Źródło: Opracowanie własne.

Wykres 10. Narzędzia do analizy danych Big Data stosowane w zagranicznych firmach według liczby wskazań

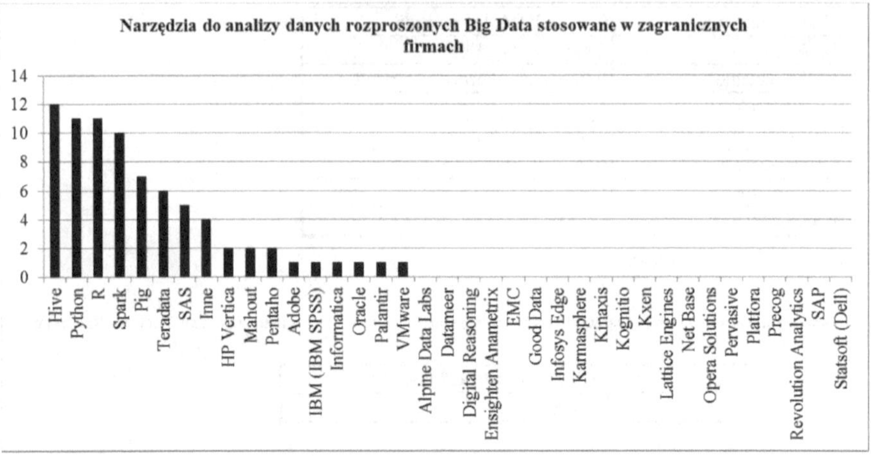

Źródło: Opracowanie własne.

Najczęściej używane w Polsce i za granicą w branży telekomunikacji narzędzia do analizy danych to Pig, język R i Hive; w IT/Ecommerce – Python, Pig, R, Spark, Hive; w Polsce w mediach/reklamie – Mahout, Python, R; SAS i R w energetyce, branży ubezpieczeniowej, sektorze publicznym, w FMCG – Hive, Mahout. (Tabele 11 i 12).

Tabela 11. Narzędzia do analizy danych Big Data stosowane w firmach w Polsce według branż i liczby wskazań

Telekomunikacja	Pig, R, SAS, Hive, Oracle, Python
Bankowość	R, Teradata, Hive, SAS, Spark, IBM (IBM SPSS), Oracle, Pig, Python
IT/Ecommerce	Python, R, Spark, Hive, Pig, Mahout, IBM (IBM SPSS)
Media/Reklama	Mahout, Python, R, Hive, IBM (IBM SPSS), Spark, Pig
Energetyka/produkcja	SAS, R, SAP
Ubezpieczenia	SAS, R, Pentaho
Sektor publiczny	SAS, EMC, IBM (IBM SPSS), Informatica, Oracle
FMCG/detal	Hive, Mahout, Oracle, Pig, Platfora, Python, R

Źródło: Opracowanie własne.

Tabela 12. Narzędzia do analizy danych Big Data stosowane w zagranicznych firmach według branż i liczby wskazań

Telekomunikacja	R, Hive, Pig, Python, Teradata
IT/Ecommerce	Hive, Spark, Teradata, Pig, Python, SAS

Źródło: Opracowanie własne.

III.7. Narzędzia do Business Intelligence i wizualizacji danych Big Data używane w polskich i zagranicznych przedsiębiorstwach

Narzędzia do Business Intelligence i wizualizacji danych (*visualization*) na ogół stosowane w Polsce pochodzą od firm: Microsoft, SAS, Tableau i Qliktech (QlikView). Za granicą zaś - Tableau i Google. Ponadto, przedsiębiorstwa często rozwijają też własne rozwiązania (Wykresy 11 i 12).

Wykres 11. Narzędzia do Business Intelligence i wizualizacji danych stosowane w Polsce według liczby wskazań

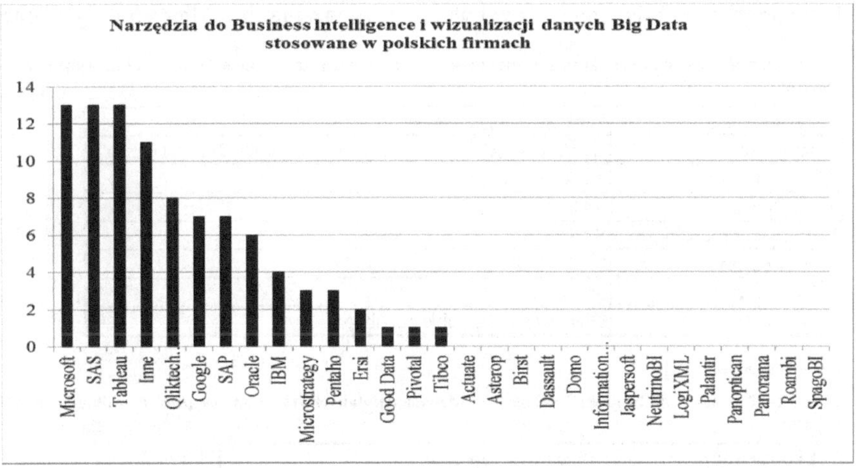

Źródło: Opracowanie własne.

Wykres 12. Narzędzia do Business Intelligence i wizualizacji danych stosowane zagranicą według liczby wskazań

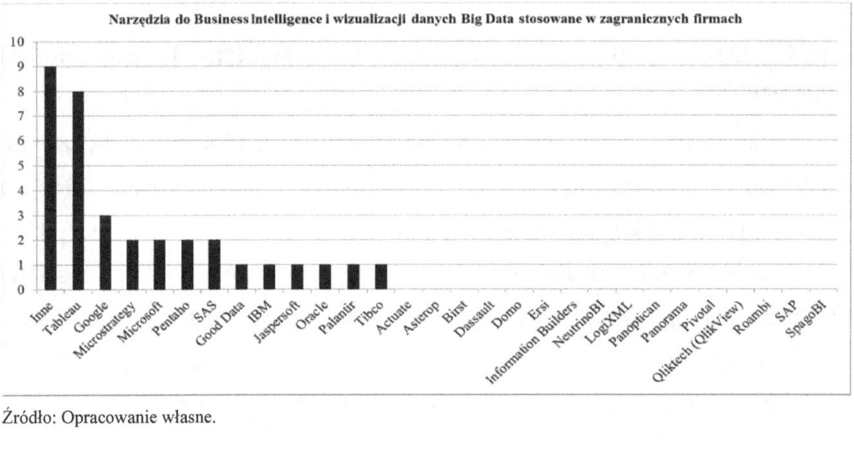

Źródło: Opracowanie własne.

Najczęściej używane w Polsce w branży telekomunikacji narzędzia do Business Intelligence i wizualizacji danych pochodzą od firm: Tableau, Google, Qliktech (QlikView); w bankowości: Qliktech, SAS; w IT/Ecommerce – Tableau, Google; w mediach/reklamie – SAP; SAS w energetyce i branży ubezpieczeniowej; w sektorze publicznym – Microsoft i SAS, w FMCG – Oracle, Tableau i Google (Tabela 13). Za granicą – podobnie, jak w Polsce – stosuje się w branży telekomunikacyjnej Tableau i SAS, i oprócz tego Pentaho. W branży w IT/Ecommerce – odmiennie niż w Polsce – rozwiązania firm Microstrategy i Oracle.

Tabela 13. Narzędzia do Business Intelligence i wizualizacji danych stosowane w Polsce według branż i liczby wskazań

Telekomunikacja	Tableau, Google, Qliktech (QlikView), SAS
Bankowość	Qliktech (QlikView), SAS, IBM, Microsoft, Oracle, Google
IT/Ecommerce	Tableau, Google
Media/Reklama	SAP
Energetyka/produkcja	SAS
Ubezpieczenia	SAS
Sektor publiczny	Microsoft, SAS
FMCG/detal	Oracle, Google, Tableau, Tibco

Źródło: Opracowanie własne.

Tabela 14. Narzędzia do Business Intelligence i wizualizacji danych stosowane za granicą według branż i liczby wskazań

Telekomunikacja	Tableau, Pentaho, SAS
IT/Ecommerce	Microstrategy, Oracle

Źródło: Opracowanie własne.

III.8. Dane poddawane analizie w polskich i zagranicznych przedsiębiorstwach

Najczęściej firmy w Polsce poddają dane analizie: systemy wewnętrzne firmy, następnie zachowanie użytkowników na stronach internetowych firmy, dane pochodzące z aplikacji mobilnych, położenie geograficzne, źródła pozyskiwania klientów, rozmowy z konsultantami, zachowania w mediach społecznościowych, rzadziej – korespondencja e-mail, Internet rzeczy/przedmiotów czy wpisy na forach internetowych. Za granicą nacisk jest położony na analizę: danych pochodzących z aplikacji mobilnych, położenie geograficzne, systemy wewnętrzne firmy, zachowania użytkowników na stronach internetowych firmy i Internet rzeczy/przedmiotów (Wykresy 13 i 14).

Wykres 13. Dane poddawane analizie w firmach w Polsce według liczby wskazań

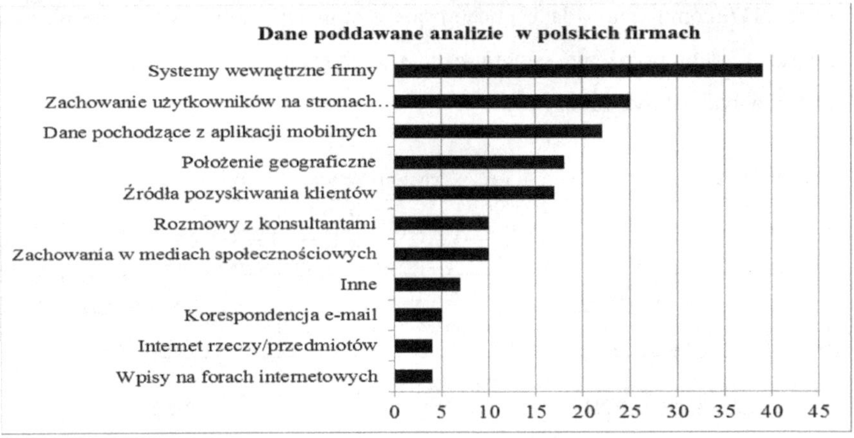

Źródło: Opracowanie własne.

Wykres 14. Dane poddawane analizie w firmach za granicą według liczby wskazań

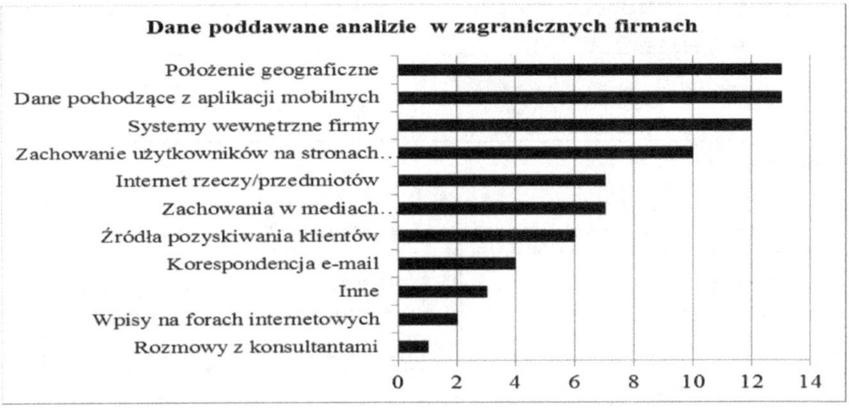

Źródło: Opracowanie własne.

Dane, jakie są poddawane analizie w polskich przedsiębiorstwach różnią się w poszczególnych sektorach. Przykładowo: w branży telekomunikacyjnej najczęściej analizuje się położenie geograficzne; w IT/Ecommerce – zachowania użytkowników na stronach internetowych firm; w mediach/reklamie, FMCG, sektorze publicznym – dane pochodzące z aplikacji mobilnych; zaś w bankowości, energetyce i ubezpieczeniach – systemy wewnętrzne firmy (Tabela 15). Za granicą z kolei w branży telekomunikacyjnej nacisk kładzie się na analizę przede wszystkim: Internet rzeczy/przedmiotów, potem położenie geograficzne i dane z aplikacji mobilnych; w branży IT/Ecommerce - dane pochodzące z aplikacji mobilnych są na pierwszym miejscu, potem położenie geograficzne i zachowanie użytkowników na stronach internetowych firmy (Tabela 16).

Tabela 15. Dane poddawane analizie w firmach w Polsce według branż i liczby wskazań

Telekomunikacja	**Bankowość**	**IT/Ecommerce**	**Media/Reklama**	**Energetyka/produkcja**	**Ubezpieczenia**	**Sektor publiczny**	**FMCG/detal**
Położenie geograficzne	Systemy wewnętrzne firmy	Zachowanie użytkowników na	Dane pochodzące z aplikacji mobilnych	Systemy wewnętrzne firmy	Systemy wewnętrzne firmy	Dane pochodzące z aplikacji mobilnych	Dane pochodzące z aplikacji mobilnych
Systemy wewnętrzne firmy	Zachowanie użytkowników na stronach internetowych firmy	Systemy wewnętrzne firmy	Zachowanie użytkowników na			Systemy wewnętrzne firmy	Położenie geograficzne
Zachowanie użytkowników na stronach internetowych firmy	Dane pochodzące z aplikacji mobilnych	Dane pochodzące z aplikacji mobilnych	Systemy wewnętrzne firmy			Położenie geograficzne	Systemy wewnętrzne firmy
Dane pochodzące z aplikacji mobilnych	Źródła pozyskiwania klientów	Źródła pozyskiwania klientów	Źródła pozyskiwania klientów			Rozmowy z konsultantami	Zachowanie użytkowników na stronach internetowych
Rozmowy z konsultantami	Położenie geograficzne	Położenie geograficzne	Położenie geograficzne				Rozmowy z konsultantami
Źródła pozyskiwania klientów	Rozmowy z konsultantami	Zachowania w mediach	Rozmowy z konsultantami				Wpisy na forach internetowych
Korespondencja e-mail	Zachowania w mediach społecznościowych	Internet rzeczy/przedmiotów	Zachowania w mediach				Zachowania w mediach
Internet rzeczy/przedmiotów	Internet rzeczy/przedmiotów	Korespondencja e-mail					Źródła pozyskiwania klientów
Wpisy na forach internetowych	Korespondencja e-mail	Rozmowy z konsultantami					
Zachowania w mediach społecznościowych	Wpisy na forach internetowych	Wpisy na forach internetowych					

Źródło: Opracowanie własne.

Tabela 16. Dane poddawane analizie w firmach za granicą według branż i liczby wskazań

Telekomunikacja	**IT/Ecommerce**
Internet rzeczy/przedmiotów	Dane pochodzące z aplikacji mobilnych
Położenie geograficzne	Położenie geograficzne
Dane pochodzące z aplikacji mobilnych	Zachowanie użytkowników na stronach internetowych firmy
Systemy wewnętrzne firmy	Systemy wewnętrzne firmy
Zachowania w mediach społecznościowych	Internet rzeczy/przedmiotów
Korespondencja e-mail	Korespondencja e-mail
Źródła pozyskiwania klientów	Wpisy na forach internetowych
Wpisy na forach internetowych	Zachowania w mediach społecznościowych
Zachowanie użytkowników na stronach internetowych firmy	

Źródło: Opracowanie własne.

III.9. Analizy prowadzone obecnie w polskich i zagranicznych przedsiębiorstwach

Firmy w Polsce prowadzą obecnie analizy w celu: lepszego zrozumienia potrzeb klientów, budowania wartości klienta, wykrywania nadużyć, optymalizacji sieci usług, punktów dostępu, zapobiegania odejściom, optymalizacji wyglądu stron internetowych i aplikacji. Za granicą wygląda to podobnie – firmy prowadzą obecnie analizy w celu: budowania wartości klienta, lepszego zrozumienia potrzeb klientów, wykrywania nadużyć, optymalizacji aplikacji, zapobiegania odejściom (Wykresy 15 i 16).

Wykres 15. Typy analiz prowadzone obecnie w polskich firmach według liczby wskazań

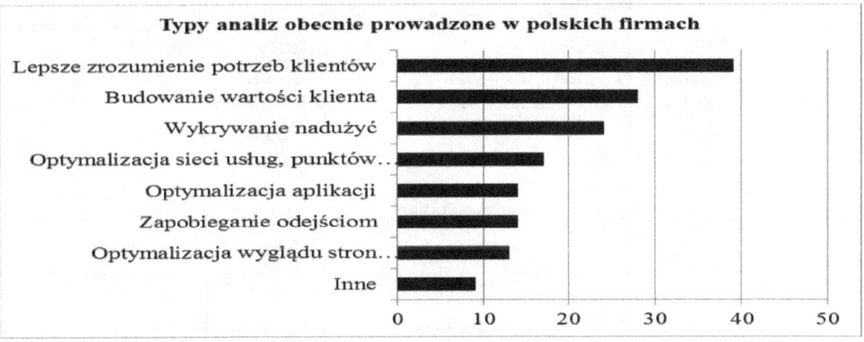

Źródło: Opracowanie własne.

Wykres 16. Typy analiz prowadzone obecnie w zagranicznych firmach według liczby wskazań

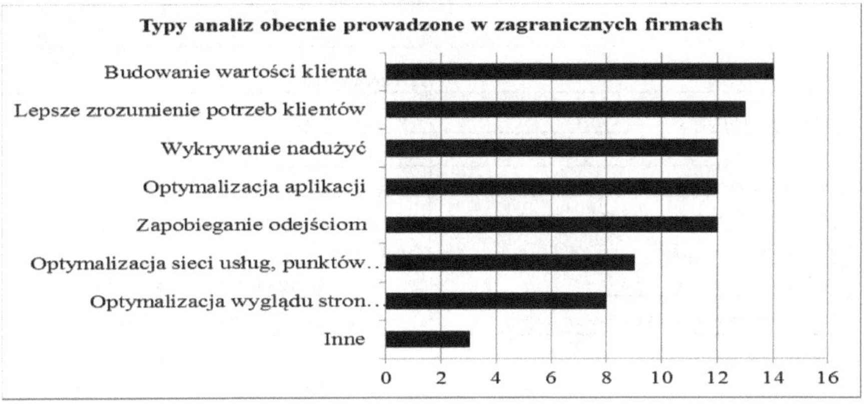

Źródło: Opracowanie własne.

Rodzaje analiz, jakie są prowadzone obecnie w polskich przedsiębiorstwach różnią się w poszczególnych sektorach. Przykładowo: w branży telekomunikacyjnej jest to optymalizacja sieci usług, punktów dostępu (za granicą zaś lepsze zrozumienie potrzeb klientów); w bankowości, IT/Ecommerce, energetyce i FMCG – lepsze zrozumienie potrzeb klientów (za granicą w IT/Ecommerce to wykrywanie nadużyć); w mediach/reklamie - budowanie wartości klienta; zaś w ubezpieczeniach i sektorze publicznym – wykrywanie nadużyć (Tabele 17 i 18).

Tabela 17. Typy analiz prowadzone obecnie w polskich firmach według branż i liczby wskazań

Telekomunikacja	Bankowość	IT/Ecommerce	Media/Reklama	Energetyka/produkcja	Ubezpieczenia	Sektor publiczny	FMCG/detal
Optymalizacja sieci usług, punktów dostępu	Lepsze zrozumienie potrzeb klientów	Lepsze zrozumienie potrzeb klientów	Budowanie wartości klienta	Lepsze zrozumienie potrzeb klientów	Wykrywanie nadużyć	Wykrywanie nadużyć	Lepsze zrozumienie potrzeb klientów
Budowanie wartości klienta	Budowanie wartości klienta	Budowanie wartości klienta	Lepsze zrozumienie potrzeb klientów	Optymalizacja aplikacji	Budowanie wartości klienta	Lepsze zrozumienie potrzeb klientów	Budowanie wartości klienta
Optymalizacja aplikacji	Wykrywanie nadużyć	Optymalizacja aplikacji	Optymalizacja wyglądu stron internetowych	Optymalizacja sieci usług, punktów dostępu	Lepsze zrozumienie potrzeb klientów	Optymalizacja aplikacji	Optymalizacja sieci usług, punktów dostępu
Zapobieganie odejściom	Optymalizacja sieci usług, punktów dostępu	Optymalizacja sieci usług, punktów dostępu	Wykrywanie nadużyć	Wykrywanie nadużyć	Optymalizacja aplikacji		Wykrywanie nadużyć
Lepsze zrozumienie potrzeb klientów	Zapobieganie odejściom	Optymalizacja wyglądu stron internetowych	Optymalizacja aplikacji		Optymalizacja sieci usług, punktów dostępu		
Optymalizacja wyglądu stron internetowych	Optymalizacja wyglądu stron internetowych	Wykrywanie nadużyć	Zapobieganie odejściom		Zapobieganie odejściom		
Wykrywanie nadużyć	Optymalizacja aplikacji	Zapobieganie odejściom	Optymalizacja sieci usług, punktów dostępu				

Źródło: Opracowanie własne.

Tabela 18. Typy analiz prowadzone obecnie w zagranicznych firmach według branż i liczby wskazań

Telekomunikacja	IT/Ecommerce
Lepsze zrozumienie potrzeb klientów	Wykrywanie nadużyć
Budowanie wartości klienta	Budowanie wartości klienta
Optymalizacja aplikacji	Lepsze zrozumienie potrzeb klientów
Optymalizacja sieci usług, punktów dostępu	Optymalizacja aplikacji
Zapobieganie odejściom	Zapobieganie odejściom
Wykrywanie nadużyć	Optymalizacja wyglądu stron internetowych
Optymalizacja wyglądu stron internetowych	Optymalizacja sieci usług, punktów dostępu

Źródło: Opracowanie własne.

Według badania Computerworld „*Systemy analityki wielkich zbiorów danych w polskich organizacjach*" z 2014 r., media i reklama to branża szukająca korzyści przede wszystkim w dokładniejszym profilowaniu klientów i ich potrzeb oraz poprawie skuteczności kampanii reklamowych. Sektor finansów, bankowości i ubezpieczeń cechuje szczególnie silne zainteresowanie adaptacją technologii analityki wielkich wolumenów danych. Branża finansowa i ubezpieczeniowa stawia przede wszystkim na analizowanie potrzeb klientów i lepsze profilowanie produktów. Od analityki wielkich zbiorów danych oczekuje także możliwości stworzenia modeli i wzorców zachowań, pomocnych przy wychwytywaniu oraz zapobieganiu oszustwom i malwersacjom, a w przypadku ubezpieczycieli również rozwijaniu systemów aktuarialnych. Systemy te wspierane będą nie tylko dzięki danym tworzonym w ramach instytucji finansowych i ubezpieczeniowych, ale także za pomocą analizy danych pochodzących m.in. z mediów społecznościowych. Sektor FMCG koncentruje analitykę na optymalizacji łańcucha dostaw, profilowaniu portfolio produktów oraz wspieraniu kampanii marketingowych[188].

III.10. Planowane analizy w polskich i zagranicznych przedsiębiorstwach

Firmy w Polsce zamierzają wdrożyć w najbliższym czasie analizy w celu: budowania wartości klienta, lepszego zrozumienia potrzeb klientów, zapobiegania odejściom, optymalizacji aplikacji, wykrywania nadużyć, optymalizacji wyglądu stron internetowych, a także sieci usług, punktów dostępu. Za granicą przedstawia się to podobnie – firmy planują wdrożyć analizy w celu: lepszego zrozumienia potrzeb klientów, budowania wartości klienta, zapobiegania odejściom, wykrywania nadużyć (Wykresy 17 i 18).

[188] Raport „Computerworld", *Big Data+...*, op. cit., s. 11.

Wykres 17. Rodzaje analiz, jakie firmy w Polsce zamierzają wdrożyć w najbliższym czasie według liczby wskazań

Źródło: Opracowanie własne.

Wykres 18. Rodzaje analiz, jakie firmy za granicą zamierzają wdrożyć w najbliższym czasie według liczby wskazań

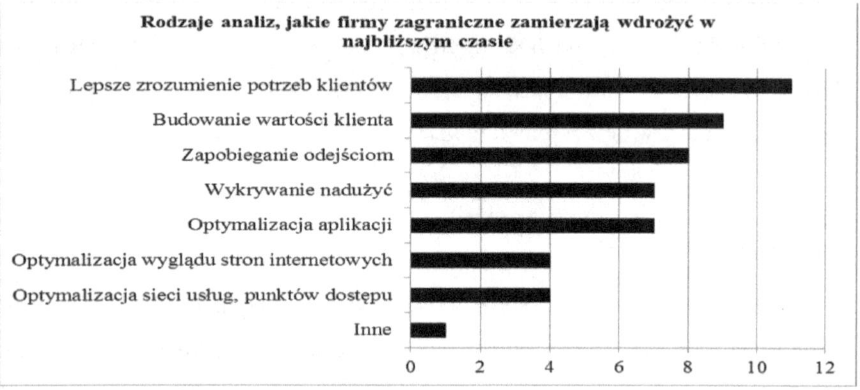

Źródło: Opracowanie własne.

Rodzaje analiz, jakie firmy w Polsce planują wdrożyć w najbliższym czasie, różnią się w poszczególnych sektorach, ale większość branż zamierza skoncentrować się na analizie budowania wartości klienta. Z kolei sektor FMCG na zapobieganiu odejściom, zaś publiczny na: optymalizacji aplikacji i wykrywaniu nadużyć (Tabela 19). Za granicą w branży telekomunikacyjnej firmy również planują przeprowadzić analizę w zakresie budowania wartości klienta, zaś w IT/Ecommerce w celu lepszego zrozumienia potrzeb klientów (Tabela 20).

Tabela 19. Rodzaje analiz, jakie firmy w Polsce zamierzają wdrożyć w najbliższym czasie według branż i liczby wskazań

Telekomunikacja	Bankowość	IT/Ecommerce	Media/Reklama	Energetyka/produkcja	Ubezpieczenia	Sektor publiczny	FMCG/detal
Budowanie wartości klienta	Budowanie wartości klienta	Budowanie wartości klienta	Budowanie wartości klienta	Budowanie wartości klienta	Budowanie wartości klienta	Optymalizacja aplikacji	Zapobieganie odejściom
Optymalizacja sieci usług, punktów dostępu	Optymalizacja aplikacji	Lepsze zrozumienie potrzeb klientów	Lepsze zrozumienie potrzeb klientów	Lepsze zrozumienie	Lepsze zrozumienie potrzeb klientów	Wykrywanie nadużyć	Budowanie wartości klienta
Wykrywanie nadużyć	Lepsze zrozumienie potrzeb klientów	Optymalizacja aplikacji	Optymalizacja aplikacji	Optymalizacja sieci usług, punktów dostępu	Wykrywanie nadużyć	Lepsze zrozumienie potrzeb klientów	Lepsze zrozumienie potrzeb klientów
Zapobieganie odejściom	Optymalizacja wyglądu stron internetowych	Zapobieganie odejściom	Optymalizacja sieci usług, punktów	Optymalizacja wyglądu stron	Zapobieganie odejściom		Optymalizacja aplikacji
Lepsze zrozumienie potrzeb klientów	Optymalizacja sieci usług, punktów dostępu	Optymalizacja wyglądu stron	Optymalizacja wyglądu stron internetowych				Optymalizacja sieci usług, punktów
Optymalizacja aplikacji	Wykrywanie nadużyć	Optymalizacja sieci usług, punktów	Wykrywanie nadużyć				Wykrywanie nadużyć
Optymalizacja wyglądu stron internetowych	Zapobieganie odejściom	Wykrywanie nadużyć	Zapobieganie odejściom				

Źródło: Opracowanie własne.

Tabela 20. Rodzaje analiz, jakie firmy za granicą zamierzają wdrożyć w najbliższym czasie według branż i liczby wskazań

Telekomunikacja	IT/Ecommerce
Budowanie wartości klienta	Lepsze zrozumienie potrzeb klientów
Lepsze zrozumienie potrzeb klientów	Wykrywanie nadużyć
Wykrywanie nadużyć	Budowanie wartości klienta
Zapobieganie odejściom	Zapobieganie odejściom
Optymalizacja aplikacji	
Optymalizacja sieci usług, punktów dostępu	
Optymalizacja wyglądu stron internetowych	

Źródło: Opracowanie własne.

III.11. Inne wnioski

Większość (76% w Polsce i 79% za granicą) ankietowanych osób jest zadowolonych z obecnych narzędzi/oprogramowania Big Data (Rysunek 8). W ¾ pytanych przedsiębiorstw w Polsce i 95% zagranicznych stosowane narzędzia/oprogramowania Big Data zmieniały się w ciągu ostatnich kilku lat, ponieważ pojawiły się inne lepsze narzędzia/oprogramowanie (57% odpowiedzi w Polsce i 56% za granicą) i tańsze narzędzia/oprogramowanie (po 37% i 28% odpowiednio). Ponad połowa (59% osób w Polsce i 47% za granicą) nie planuje na razie zmiany narzędzi/oprogramowania Big Data.

Rysunek 8. Poziom satysfakcji z obecnych narzędzi/oprogramowania Big Data w firmach w Polsce według liczby wskazań

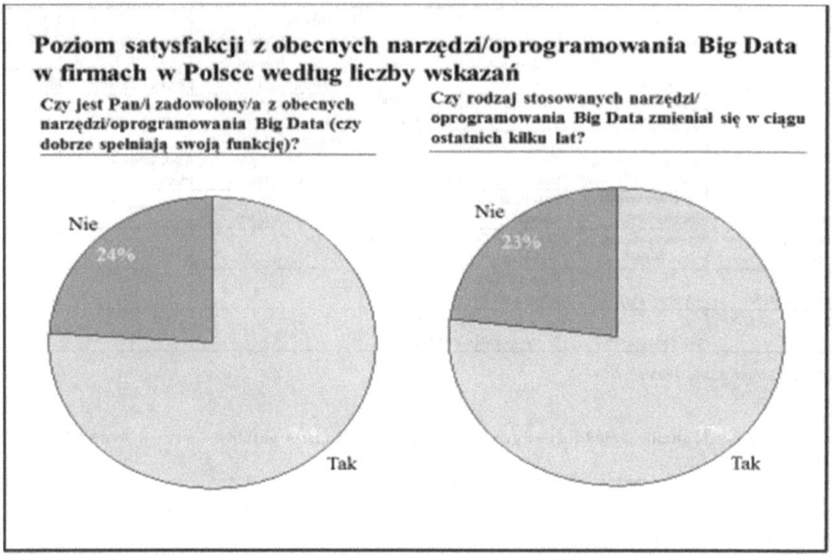

Źródło: Opracowanie własne.

Większość osób dostrzega trendy w Big Data. Oprócz tych, które zostały wymienione w Rozdziale II, zauważa się, że coraz większą popularność zyskują darmowe, rozwiązania open source, które dzięki programistycznym interfejsom pozwalają analizować dane w sposób wydajny i elastyczny.

Rozwiązania Big Data cieszą się największą popularnością w obszarze marketingu i sprzedaży, zwłaszcza wśród działających w wysoce konkurencyjnych branżach firm kierujących swoją ofertę bezpośrednio do klientów końcowych[189] (Rysunek 9). Wykorzystanie Big Data w marketingu i sprzedaży jest np.: w analizie potrzeb klientów i lepszym profilowaniu produktów, analizie danych o sprzedaży, analizie mediów społecznościowych. Z kolei wykorzystanie Big Data w finansach i controllingu jest np.: w zarządzaniu należnościami, monitorowaniu i kontrolowaniu budżetów, tworzeniu raportów kosztowych i innych[190]. W obszarze bezpieczeństwa -

[189] Ibidem, s. 14.
[190] Ibidem, s. 15.

Big Data wykorzystuje się np. do wykrywania incydentów, poprawy ciągłości działania, monitoringu infrastruktury[191].

Rysunek 9. Obszary, w jakich najbardziej ma wykorzystanie Big Data w firmach w Polsce i za granicą według liczby wskazań

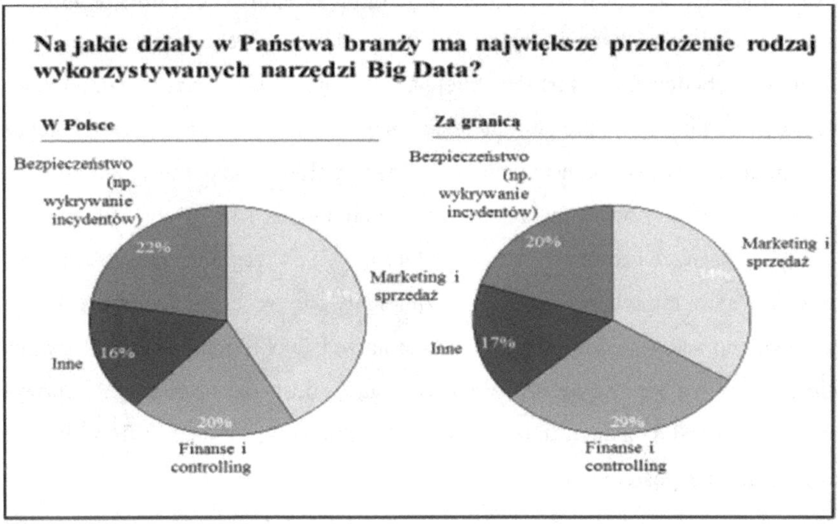

Źródło: Opracowanie własne.

III.12. Podsumowanie

Do analizy danych rozproszonych o konsumencie przedsiębiorstwa używają zarówno tradycyjnych rozwiązań Business Intelligence (Oracle, Microsoft, SAS), jak i różnych technologii Big Data (Hadoop, Cassandra, MongoDB), komercyjnych, i open source (np. R, Python). Tradycyjne rozwiązania są z reguły stosowane do procesów pozyskiwania danych ETL, do Business Intelligence i dużych hurtowni danych, do zarządzania danymi. Technologii Big Data używa się na ogół do gromadzenia danych i baz typu No SQL/ New SQL, do analizy danych Big Data, do Business Intelligence i wizualizacji danych. Bardzo często przedsiębiorstwa rozwijają tez własne rozwiązania, bazując przeważnie na dostępnych narzędziach typu open

[191] Ibidem, s. 17.

source. Stosowane narzędzia i oprogramowanie dedykowane Big Data różni się w przypadku poszczególnych branż. Najczęściej firmy w Polsce poddają dane analizie: systemy wewnętrzne firmy, za granicą nacisk jest położony na analizę danych pochodzących z aplikacji mobilnych i położenie geograficzne. Firmy w Polsce i za granicą prowadzą obecnie analizy m.in. w celu lepszego zrozumienia potrzeb klientów i budowania wartości klienta. W najbliższym czasie zamierzają one wdrożyć analizy głównie w zakresie budowania wartości klienta i lepszego zrozumienia potrzeb konsumentów. Ponad połowa ankietowanych osób jest zadowolonych z obecnych narzędzi/oprogramowania Big Data. W większości pytanych przedsiębiorstw w Polsce i zagranicznych stosowane narzędzia/oprogramowania Big Data zmieniały się w ciągu ostatnich kilku lat, ponieważ pojawiły się inne lepsze i tańsze narzędzia/oprogramowanie. Rozwiązania Big Data cieszą się największą popularnością w obszarze marketingu i sprzedaży, zwłaszcza wśród działających w wysoce konkurencyjnych branżach firm kierujących swoją ofertę bezpośrednio do klientów.

Zakończenie

Big Data to termin odnoszący się do dużych, zmiennych i różnorodnych zbiorów danych, które wymagają nowych form przetwarzania w celu wspomagania podejmowania decyzji, odkrywania nowych zjawisk oraz optymalizacji procesów. Charakteryzuje się on przede wszystkim kilkoma kluczowymi atrybutami, takimi jak: objętość (znacząca dynamika przyrostu danych), różnorodność (dane pochodzą z wielu źródeł, są rozproszone), złożoność (dane o różnej strukturze), szybkość (napływają szybko, strumieniowo), zmienność (natężenie danych jest zmienne w czasie) i wartość (unikatowa wartość informacyjna ukryta w dużych i złożonych strukturach danych). Definicja Big Data w dalszym ciągu ewoluuje w wyniku powstawania nowych źródeł informacji i rozszerzania się zakresu zastosowań. Obszary wykorzystywania Big Data to obecnie np.: usługi finansowe, telekomunikacja, rynek detaliczny, bezpieczeństwo i inne.

Badania wskazują, że liczba danych do 2020 r. wzrośnie do 40 zetabajtów, co oznacza 50-krotny wzrost od początku 2010 r. Wikibon prognozuje, że do 2017 roku wartość całego rynku Big Data (ze sprzętu, oprogramowania i usług) osiągnie około 50 mld USD, co przekłada się na 38% skumulowany średnioroczny wzrost w latach 2011-2017. W przyszłości spodziewana jest zmiana w samej strukturze przychodów z Big Data - z czasem zacznie spadać udział sprzętu, a wzrośnie zapotrzebowanie na usługi i oprogramowanie. Niekwestionowanym liderem na rynku dostawców technologii i usług Big Data pod względem przychodów jest obecnie firma IBM, na drugim miejscu HP, na trzecim Dell.

Większość współczesnych rozwiązań/narzędzi dedykowanych Big Data występuje w trzech formach: jako oprogramowanie, jako urządzenie, w chmurze. Big Data jest obecnie synonimem technologii, takich jak Hadoop, baz danych NoSQL (jak np. Cassandra, MongoDB,) czy baz MPP o masywnym przetwarzaniu równoległym. Hadoop, bazy NoSQL i MPP nie wykluczają się wzajemnie - mogą i powinny współwystępować, obok istniejących już technologii zarządzania danymi. Kilka ważniejszych trendów, które pojawiły się w ostatnim czasie to, np. analityka Big Data w chmurze, w czasie rzeczywistym i in-memory, coraz większa popularność baz NoSQL i rozwiązań open source, SQL na Hadoop, Jezioro danych, „głębokie uczenie", bazy grafowe, uczenie maszynowe, czy Internet rzeczy.

W okresie kwiecień-maj 2015 przeprowadzono badanie ankietowe, które miało na celu zgromadzenie informacji na temat używanych obecnie narzędzi Big Data w polskich i zagranicznych przedsiębiorstwach i instytucjach, sprawdzeniu, jakie dane są poddawane analizie. Głównym wnioskiem, wynikającym z ankiet jest to, że do analizy danych rozproszonych o konsumencie przedsiębiorstwa używają zarówno tradycyjnych rozwiązań Business Intelligence (Microsoft, Oracle, SAS), jak i różnych technologii Big Data (Hadoop, Cassandra, MongoDB), komercyjnych, i open source (np. R, Python). Nie da się zastąpić metod tradycyjnych rozwiązaniami Big Data, i odwrotnie, należy stosować równolegle obie metody, a zastosowanie tych dwóch rozwiązań pozwoli na osiągnięcie najlepszego wyniku końcowego[192]. W Polsce najbardziej popularne są narzędzia firm Oracle, Microsoft i SAS, za granicą zaś Oracle, SAS, Hive, Teradata.

Tradycyjne rozwiązania (np. firm Oracle, Microsoft, SAS) są z reguły stosowane do procesów pozyskiwania danych do baz danych, do Business Intelligence i dużych hurtowni danych, do zarządzania danymi. Technologii Big Data (np. Hadoop, Cassandra, MongoDB) używa się na ogół do gromadzenia danych i baz typu No SQL/ New SQL, do analizy danych Big Data, do Business Intelligence i wizualizacji danych. Bardzo często przedsiębiorstwa rozwijają też własne rozwiązania, bazując przeważnie na dostępnych narzędziach typu open source. Stosowane narzędzia i oprogramowanie dedykowane Big Data różni się w przypadku poszczególnych branż, zarówno w Polsce, jak i na świecie.

---

[192] G. Chmielowski, T. Przybyszewski, *Praktyczne zastosowanie metod analitycznych Big Data...*, op. cit.

Najczęściej firmy w Polsce poddają dane analizie systemy wewnętrzne firmy, zachowanie użytkowników na stronach internetowych firmy, za granicą z kolei dane pochodzące z aplikacji mobilnych i położenie geograficzne. Dane, jakie są poddawane analizie w polskich i zagranicznych przedsiębiorstwach różnią się w poszczególnych sektorach. Przykładowo: w branży telekomunikacyjnej w Polsce najczęściej analizuje się położenie geograficzne, a za granicą nacisk kładzie się na analizę przede wszystkim: Internet rzeczy/przedmiotów, potem położenie geograficzne i dane z aplikacji mobilnych. Firmy w Polsce i za granicą prowadzą obecnie analizy m.in. w celu lepszego zrozumienia potrzeb klientów i budowania wartości klienta. Rodzaje analiz, jakie są prowadzone obecnie w polskich i zagranicznych przedsiębiorstwach różnią się w poszczególnych branżach. W najbliższym czasie zamierzają one wdrożyć analizy głównie w zakresie budowania wartości klienta i lepszego zrozumienia potrzeb konsumentów. Różni się to w poszczególnych sektorach, zarówno w Polsce, jak i za granicą. Ponad połowa ankietowanych osób jest zadowolonych z obecnych narzędzi/oprogramowania Big Data. W większości pytanych przedsiębiorstw w Polsce i zagranicznych stosowane narzędzia/oprogramowania Big Data zmieniały się w ciągu ostatnich kilku lat, ponieważ pojawiły się inne lepsze i tańsze narzędzia/oprogramowanie. Rozwiązania Big Data cieszą się największą popularnością w obszarze marketingu i sprzedaży, zwłaszcza wśród firm działających w wysoce konkurencyjnych branżach kierujących swoją ofertę bezpośrednio do klientów.

Rynek Big Data to miejsce wielu innowacji, eksperymentów, kontrybucji społeczności open source i konkurencji między dostawcami[193]. To sprawia, że oczekiwania i technologie związane z analityką Big Data zmieniają się w szybkim tempie, a narzędzia i oprogramowanie będą dalej ewoluować.

---

[193] A. Kawa, P. Krewski, *W kipiącym kotle, czyli technologie big data...*, op. cit.

Bibliografia

1. Aggarwal C.C., Wang H., 2010, *Graph Data Management and Mining: A Survey of Algorithms and Applications*, „Managing and Mining Graph Data", Series: Advances in Database Systems, Vol. 40, Springer.

2. Chang C., Kayed M., Girgis M.R., Shaalan K.F., 2006, *A survey of web information extraction systems*. „IEEE Transactions on Knowledge and Data Engineering", IEEE, vol. 18, issue 10.

3. Changqing J., Yu L., Wenming Q., Awada U., Keqiu L., 2012, *Big Data Processing in Cloud Computing Environments*, 12th International Symposium on Pervasive Systems, Algorithms and Networks (ISPAN), San Marcos, IEEE.

4. Cisco, *Cisco Visual Networking Index: Global Mobile Data Traffic Forecast Update, 2011-2016*, 2012, http://www.cisco.com/c/en/us/solutions/service-provider/visual-networking-index-vni/index.html, 3011.2013.

5. Cox M., Ellsworth D., *Managing Big Data for Scientific Visualization*, 1997, ACM SIGGRAPH '97 Course #4, Exploring Gigabyte D. Datasets in Real-Time: Algorithms, Data Management, and Time-Critical Design, Los Angeles.

6. Fan W., Bifet A., 2012, *Mining big data: current status, and forecast to the future*, „ACM SIGKDD Explorations Newsletter", A. SIGKDD Explorations, ACM, New York, USA, 2012, vol. 14, issue 2.

7. He B., Patel M., Zhang Z., Chang K.C.C., 2007, *Accessing the deep web*, „Communications of the ACM", ACM, New York, USA, vol. 50, issue 5.

8. Jadeja Y., Modi K., 2012, *Cloud computing - concepts, architecture and challenges*, 2012 International Conference on Computing, Electronics and Electrical Technologies (ICCEET), IEEE, Kumaracoil, India.

9. Jinchuan C., Yueguo C., Xiaoyong D., Cuiping L., Jiaheng L., Suyun Z., Xuan Z., 2013, *Big data challenge: a data management perspective*, „Frontiers of Computer Science", SP Higher Education Press, vol. 7, issue 2.

10. Katal A., Wazid M., Goudar R.H., *Big Data: Issues, Challenges, Tools and Good Practices*, Sixth International Conference on Contemporary Computing (IC3), IEEE, Noida, 2013.

11. Labrinidis A., Jagadish H., 2012, *Challenges and opportunities with big data, Proceedings of the VLDB Endowment*, VLDB Endowment, vol. 5, issue 12.

12. McKinsey Global Institute, *Big Data: The Next Frontier for Innovation, Competition, and Productivity*, June 2011.

Pozycje książkowe w Internecie, artykuły internetowe i strony WWW

1. Adlinger P., *Graph DBMS increased their popularity by 500% within the last 2 years*, 03.03.2015, http://db-engines.com/en/blog_post/43, (27.04.2015).
2. Berezowski M., *Najlepsi w branży Big Data - raport i prognoza*, „Computerworld", 31.01.2014, http://www.computerworld.pl/news/394613/Najlepsi.w.branzy.Big.Data.raport.i.prognoza.html, (27.04.2015).
3. Ching-Yung L., *Overview of Big Data Analytics*, 04.09.2014, http://www.ee.columbia.edu/~cylin/course/bigdata/EECS6893-BigDataAnalytics-Lecture1.pdf, (27.04.2015).
4. Ching-Yung L., *Linked Big Data — Graph Computing (I),* 30.10.2014, http://www.ee.columbia.edu/~cylin/course/bigdata/EECS6893-BigDataAnalytics-Lecture9.pdf, (27.04.2015).
5. Chmielowski G., Przybyszewski T., *Praktyczne zastosowanie metod analitycznych Big Data. Jak zwiększyć lojalność klientów?,* „HBRP" nr 130-131, grudzień-styczeń 2013, http://www.hbrp.pl/nie_przeocz.php?id=1172&t=raport-praktyczne-zastosowanie-metod-analitycznych-big-data, (27.04.2015).
6. Cisco, *Cisco Visual Networking Index: Global Mobile Data Traffic Forecast Update, 2011-2016*, 2012, http://www.cisco.com/c/en/us/solutions/service-provider/visual-networking-index-vni/index.html, (27.04.2015).

7. Columbus L., *Roundup Of Cloud Computing Forecasts And Market Estimates, 2015*, 24.01.2015, http://www.forbes.com/sites/louiscolumbus/2015/01/24/roundup-of-cloud-computing-forecasts-and-market-estimates-2015/, (27.04.2015).
8. Czapiewski B., *Big Data – duże liczby, nowe możliwości, nowe narzędzia*, 27.01.2015, http://skuteczneraporty.pl/blog/big-data-duze-liczby-nowe-mozliwosci-nowe-narzedzia/, (27.04.2015).
9. Davenport T. H., *Na rozdrożu Big Data: zwrot w kierunku inteligentniejszych doświadczeń z podróżowania,* 2013, http://www.amadeus.com/web/binaries/1332965486330/blobheader=application/pdf &blobheadername1=Content-Disposition&blobheadervalue1=attachment%3B+filename%3DBig+Data+-Raport.pdf., str. 8, (11.05.2015).
10. Deloitte Advisory SP z o.o., *Big Data także dla małych i średnich firm*, http://nf.pl/manager/w-2015-r-swiatowy-rynek-big-data-bedzie-wart-prawie-50-mld-dolarow-czyli-prawie-piec-razy-wiecej-niz-w-ubieglym-roku,,44145,280, (27.04.2015).
11. Deloitte, Raport Digital Trends, *Trendy wpływające na handel elektroniczny i gospodarkę internetową*, 2013, http://www2.deloitte.com/pl/pl/pages/technology-media-and-telecommunications/articles/Raport-Digital-Trends.html i http://www2.deloitte.com/content/dam/Deloitte/pl/Documents/Reports/pl_Digital_Trends_2013_EN.pdf, (28.04.2015).
12. Doug L., The Importance of 'Big Data': A Definition, Gartner, 21.06.2012, https://www.gartner.com/doc/2057415/importance-big-data-definition, (02.05.2015).
13. Doug L., *Data Management: Controlling Data Volume, Velocity, and Variety, „Application Delivery Strategies"*, META Group (obecnie Gartner), 2001, http://blogs.gartner.com/doug-laney/files/2012/01/ad949-3D-Data-Management-Controlling-Data-Volume-Velocity-and-Variety.pdf, (02.05.2015).
14. Duszczyk M., *Wydatki na Internet Rzeczy w Polsce przekroczą 3 mld dol.*, 11.06.2015, http://www.rp.pl/artykul/1207896.html, (13.06.2015).

15. Duszczyk M., *IDC: Boom na technologie wearables*, 11.06.2015, http://www.rp.pl/artykul/1207893.html, (13.06.2015).
16. Furrier J., *Big Data Is Big Market; Big Business - $50 Billion Market by 2017*, 17.02.2012, http://www.forbes.com/sites/siliconangle/2012/02/17/big-data-is-big-market-big-business/, (27.04.2015).
17. Focus, *8 zastosowań Big Data, o których nie miałeś pojęcia*, 14.05.2015, http://www.focus.pl/technika/8-zastosowan-big-data-o-ktorych-nie-miales-pojecia-12510?strona=3, (27.05.2015).
18. Gabinowski R., Subiektywny przegląd rynku BI i jego przyszłość, 2012, s. 16-17, https://robertjesionek.files.wordpress.com/2012/08/nowa-twarz-bi-raport1.pdf, (27.04.2015).
19. Gasper T., *Big Data Right Now: Five Trendy Open Source Technologies*, 27.10.2012., http://techcrunch.com/2012/10/27/big-data-right-now-five-trendy-open-source-technologies/, (27.04.2015).
20. Gutkowski T., *Big Data w biznesie: jak handel, bankowość czy transport korzystają z big data*,17.12.2014, http://www.web.gov.pl/wiedza/587_4420_big-data-w-biznesie-jak-handel-bankowosc-czy-transport-korzystaja-z-big-data.html, (02.06.2015).
21. Goczyła K., *Big Data i 5V Nowe wyzwania w świecie danych*, 10.09.2014, http://iobazy.gda.pl/2014/pliki/prezentacje/d3s1e1-Goczyla-Big.pdf, (27.04.2015).
22. Grey Tree Sp. z o.o., *Big Data w strategii marketingu i produktów*, http://www.slideshare.net/dariuszgozlinski/big-data-greytreehow-bigslideshare, (29.04.2015).
23. Henschen D., *Splunk Leads Tiny Big Data Market*, 03.03.2015, http://www.informationweek.com/big-data/big-data-analytics/splunk-leads-tiny-big-data-market/a/d-id/1319295, (27.04.2015).
24. D. Henschen, *MemSQL, VoltDB Vie For In-Memory Big Data Role*, 12.02.2015, http://www.informationweek.com/big-data/big-data-analytics/memsql-voltdb-vie-for-in-memory-big-data-role/d/d-id/1319071, (27.04.2015).

25. Jadczak A., *IDC: polski rynek cloud computing wart był 66,3 mln USD w roku 2012*, 29.09.2013, http://itwiz.pl/idc-polski-rynek-cloud-computing-wart-byl-663-mln-usd-roku-2012/, (27.04.2015).

26. Jóźwicki W., *Big Data & Analytics Optymalizacja biznesu*, 05.02.2014, http://technologies.scapaflow.pl/files/Big%20Data%20-%20whitepaper.pdf, (27.04.2015).

27. Kawa A., Krewski P., *W kipiącym kotle, czyli technologie big data*, 22.12.2014, http://e-s-r.pl/2014/12/22/w-kipiacym-kotle-czyli-technologie-big-data/, (11.05.2015).

28. Kelly J., *Big Data Vendor Revenue and Market Forecast 2013-2017*, 12.02.2014, http://wikibon.org/wiki/v/Big_Data_Vendor_Revenue_and_Market_Forecast_2013-2017, (27.04.2015).

29. Kelly J., *Big Data Vendor Revenue and Market Forecast 2012-2017*, 19.03.2013, http://wikibon.org/wiki/v/Big_Data_Vendor_Revenue_and_Market_Forecast_2012-2017, (27.04.2015).

30. Kelly J., *Big Data: Hadoop, Business Analytics and Beyond*, 05.02.2014, http://wikibon.org/wiki/v/Big_Data:_Hadoop,_Business_Analytics_and_Beyond, (27.04.2015).

31. Kelly J., Vellante D., Floyer D., *Big Data Market Size and Vendor Revenues,* 22.02.2012, http://wikibon.org/wiki/v/Big_Data_Market_Size_and_Vendor_Revenues, (27.04.2015).

32. Latamore B., *Wikibon forecasts Hadoop-NoSQL market to hit $3 billion by 2017*, 02.01.2015, http://siliconangle.com/blog/2015/01/02/wikibon-forecasts-hadoop-nosql-market-to-hit-3-billion-by-2017/, (27.04.2015).

33. Leopold G., *Booming Big Data Market Headed for $60B*, 02.04.2015, http://www.datanami.com/2015/04/02/booming-big-data-market-headed-for-60b/, (13.05.2015).

34. Lu X., Zheng B., *Distributed Computing and Hadoop in Statistics*, http://www.statistics.gov.hk/wsc/STS066-P4-S.pdf, (27.04.2015).
35. Łubiarz L., *Dokąd zmierzasz chmuro?,* 27.01.2015, http://inleo.pl/blog/dokad-zmierzasz-chmuro/, (13.06.2015).
36. Malewicz G., Austern M. H., Bik A. J. C., Dehnert J. C., Horn I., Leiser N., Czajkowski G., *Google's Pregel: A System for Large-Scale Graph Processing*, 18.09.2013, http://www.slideshare.net/WeiruDai/pregel-27339969, (27.04.2015).
37. Menguy C., *Graph Processing Using Big Data Technologies*, 17.03.2014, http://www.infoq.com/news/2014/03/graph-bigdata-tapad, (27.04.2015).
38. Michalski M., *BIG DATA w SM WARSZAWA*, 06.06.2014, http://www.sabi.org.pl/attachments/File/do_pobrania/seminaria_prezentacje/BIGDATA_SABI_SM.pdf, (27.04.2015).
39. Minelli M., Chambers M., Dhiraj A,. *Big Data, Big Analytics: Emerging Business Intelligence and Analytic Trends for Today's Businesses*, Wiley 2012, http://media.johnwiley.com.au/product_data/excerpt/0X/11181476/111814760X-117.pdf, (03.05.2015).
40. Mitura A., Lachowski T., Zawód ociekający seksapilem: Big Data Scientist, 16.02.2015, http://mamstartup.pl/najnowsze/6231/zawod-ociekajacy-seksapilem-big-data-scientist, (16.02.2015).
41. Mitchell R. L., *8 Big Trends in Big Data Analytics*, "Computerworld", 23.10.2014, http://www.cio.com/article/2838172/data-analytics/8-big-trends-in-big-data-analytics.html, (27.04.2015).
42. Muszyński J., 08.07.2013, *Hadoop - platforma do eksploracji Big Data*, http://www.computerworld.pl/news/391027_4/Hadoop.platforma.do.eksploracji.Big.Data.html, (27.04.2015).
43. O'Reilly Media Inc. *Big Data Now: 2012 Edition*, http://www.oreilly.com/data/free/files/big-data-now-2012.pdf, (27.04.2015).
44. Pawlak S., *Czym jest informacja?,* 2012, http://www.wyzwaniait.pl/prezentacje/Informacja-Sebastian_Pawlak.pdf, (03.05.2015).

45. Penchikala S., *Big Data Processing with Apache Spark – Part 1: Introduction*, 30.01.2015, http://www.infoq.com/articles/apache-spark-introduction, (27.04.2015).
46. Penchikala S., *Big Data Processing with Apache Spark - Part 2: Spark SQL*, 16.04.2015, http://www.infoq.com/articles/apache-spark-sql, (27.04.2015).
47. Press G., *Top 10 Big Data Pure-Plays 2014*, 11.02.2014, http://www.forbes.com/sites/gilpress/2014/02/11/top-10-big-data-pure-plays-2014/, (27.04.2015)
48. Puttur S., *Big Data: Overview of apache Hadoop*, 12.01.2014, http://www.sachinpbuzz.com/2014/01/big-data-overview-of-apache-hadoop.html, (27.04.2015).
49. Raport „Computerworld", *Big Data+ Systemy analityki wielkich zbiorów danych w polskich organizacjach*, wrzesień 2014, s. 3, bigdata.hbrp.pl/download/?name=BIG_DATA, (27.04.2015).
50. Rathbone M., *8 SQL-on-Hadoop frameworks worth checking out*, 08.06.2014, http://blog.matthewrathbone.com/2014/06/08/sql-engines-for-hadoop.html#presto-by-facebookpresto, (27.04.2015).
51. Rajpurohit A., *Wikibon Big Data Capital Markets Day – Big Data NYC 2014*, 30.09.2014, http://www.kdnuggets.com/2014/10/wikibon-big-data-markets-day-nyc.html, (27.04.2015).
52. Reszka P., *Top 7 trendy w Big Data 2015*, https://docs.google.com/a/astrafox.pl/file/d/0B_fdWDPfGa5jZDhaV2s1MEpwRHc/edit?pli=1, (27.04.2015).
53. *Rynek cloud computingu w Polsce*, http://it-manager.pl/rynek-cloud-computingu-w-polsce/, (27.04.2015).
54. Stasiński W., *Bazy danych rezydujące w pamięci operacyjnej komputera (in-memory),* http://slideplayer.pl/slide/832535/, (27.04.2015).
55. Steliński A., Osiem najważniejszych trendów big data, 29.10.2014, http://www.computerworld.pl/news/399634_1/Osiem.najwazniejszych.trendow.big.data.html, (27.04.2015).

56. Szczepaniak P., *Google Compute Engine – wirtualne maszyny od Google*, 14.02.2014, http://www.computerworld.pl/news/394355/Google.Compute.Engine.wirtualne.maszyny.od.Google.html, (27.04.2015).
57. Tabakow M., Korczak J., Franczyk B., *Big Data – Definicje, Wyzwania i Technologie Informatyczne*, Informatyka Ekonomiczna Business Informatics 1(31), 2014, http://www.dbc.wroc.pl/Content/25191/Tabakow_Big_Data_definicje_wyzwania_i_technologie.pdf, (27.04.2015).
58. Taylor Goetz P., *Apache storm vs. Spark Streaming*, 11.08.2014, http://www.slideshare.net/ptgoetz/apache-storm-vs-spark-streaming, (27.04.2015).
59. Tchorek-Helm C., *Big Data dla MŚP*, 12.12.2013, http://www.polskieradio.pl/111/1896/Artykul/1001525,Big-Data-dla-MSP/?utm_source=box&utm_medium=link&utm_campaign=related, (23.05.2015).
60. Twogood C., *Eight Hadoop Trends For 2015*, 05.02.2015, http://www.forbes.com/sites/teradata/2015/02/05/eight-hadoop-trends-for-2015/, (25.05.2015).
61. van der Lans R., *Selecting the right SQL-on-Hadoop engine to access big data*, March 2014, http://searchbusinessanalytics.techtarget.com/feature/Selecting-the-right-SQL-on-Hadoop-engine-to-access-big-data, (27.04.2015).
62. Venner J., 2009, Pro Hadoop, Apress, s1., http://www.wangyuxiong.com/wp-content/uploads/downloads/2013/02/Pro_Hadoop.pdf, (27.04.2015).
63. Wawryszuk B., *Polski rynek usług w chmurze rośnie. Zobacz, ile będzie wart w 2014 roku*, 05.05.2014, http://interaktywnie.com/biznes/artykuly/raporty-i-badania/polski-rynek-uslug-w-chmurze-rosnie-zobacz-ile-bedzie-wart-w-2014-roku-248374, (27.04.2015).
64. Wojtas T., *Onet-RASP z mniejszą przewagą nad Wirtualną Polską, w dół Facebook (Megapanel z marca)*, 15.05.2015, http://www.wirtualnemedia.pl/artykul/onet-rasp-z-mniejsza-przewaga-nad-wirtualna-polska-w-dol-facebook-megapanel-z-marca#, (13.06.2015).

65. Yuhanna N., *Making Sense of Graph Database*, http://www.cs.utexas.edu/~cannata/dbms/Class%20Notes/09%20objectivityforrester webinarslidesyuhannaclarkfinal-140717171322-phpapp01.pdf, (27.04.2015).
66. *Apache Storm & Chmura Azure – Doskonałe Rozwiązanie Big Data,* 18.10.2014, http://pl.opennessatcee.com/post/100337340993/apache-storm-chmura-azure-doskonale, (27.04.2015).
67. *Apache Tez, nowy element ekosystemu Apache Hadoop*, 26.07.2014, http://www.e-przeglad.pl/index.php/technologie/apache-tez-nowy-element-ekosystemu-apache-hadoop/, (27.04.2015).
68. *Big Data Meets Big Data Analytics*, http://www.sas.com/resources/whitepaper/wp_46345.pdf, (28.04.2015).
69. *Co to jest Big Data?,* 31.07.2013, http://marketingautomagic.pl/2013/07/co-to-jest-big-data/, (27.04.2015).
70. *Internet Rzeczy: rynek będzie wart ponad 200 mld dolarów w 2016 roku*, 14.04.2015, http://www.bankier.pl/wiadomosc/Internet-Rzeczy-rynek-bedzie-wart-ponad-200-mld-dolarow-w-2016-roku-3322241.html, (27.04.2015).
71. *Już Dostępne: Dostosowanie Klastrów Azure HDInsight + Więcej Szablonów dla Projektów Hadoop*, 09.01.2015, http://pl.opennessatcee.com/post/107591622028/juz-dostepne-dostosowanie-klastrow-azure, (27.04.2015).
72. *Narzędzia i trendy Big Data, Big Data Summit 25.03.2015*, http://bigdatasummit.pl/pdf2015/Prezentacja2.pdf, (27.04.2015).
73. *Wielkie przygody w małych światach*, 13.09.2012, https://maleswiaty.wordpress.com/2012/09/13/gremlin/, (27.04.2015).
74. http://pl.wikipedia.org/wiki/Big_data, (27.04.2015).
75. http://blog.evolpe.pl/open-source-przyszlosc-oprogramowania/, (27.04.2015).
76. http://blog.thomsonreuters.com/index.php/big-data-graphic-of-the-day/, (27.04.2015).
77. http://techcrunch.com/2010/08/04/schmidt-data/, (27.04.2015).
78. https://www.idc.com/prodserv/4Pillars/bigdata, (27.04.2015).
79. http://www.opensource.ite.pl/page/main.html, (27.04.2015).

80. http://www.wmii.uwm.edu.pl/~kmmi/sites/default/files/.../Amazon_Web_Services.ppt, (27.04.2015).

81. http://pl.wikipedia.org/wiki/Klaster_komputerowy, (27.04.2015).

82. http://pl.wikipedia.org/wiki/SQL, (27.04.2015).

83. http://hadoop.apache.org/, (27.04.2015).

84. http://mfiles.pl/pl/index.php/Baza_NoSQL, (27.04.2015).

85. https://cloud.google.com/bigquery/, (27.04.2015).

86. http://www.nosql-database.org, (27.04.2015).

87. http://pl.wikipedia.org/wiki/R_(j%C4%99zyk_programowania), (27.04.2015).

88. http://pl.wikipedia.org/wiki/Python, (27.04.2015).

89. http://stackoverflow.com/questions/24119897/apache-spark-vs-apache-storm, (27.04.2015).

90. http://pl.wikipedia.org/wiki/Internet_przedmiot%C3%B3w, (27.04.2015).

91. http://algolytics.pl/analityka-predykcyjna-predictive-analytics-slownik-pojec/, (11.05.2015).

92. http://pl.wikipedia.org/wiki/Business_intelligence, (04.06.2015).

Wykłady w Szkole Głównej Handlowej w ramach studiów podyplomowych „Inżynieria danych – Big Data" w Szkole Głównej Handlowej w Warszawie (edycja I – rok 2014/2015)

1. Dr Olejniczak J., *Big Data Analiza Dużych Zbiorów Danych.*
2. Kita R., *Inżyniera danych - Big Data. Chwilowe zauroczenie czy trwały trend? Przykłady praktycznego zastosowania przetwarzania dużych wolumenów danych w bankowości i analizie ruchu w Internecie*, 11.10.2014.
3. Matuszak P., *Przetwarzanie w chmurze (Cloud Computing).*

Wykaz używanych skrótów

API	Interfejs programistyczny aplikacji (*Application Programming Interface*)
EDI	Elektroniczna Wymiana Danych *(Electronic Data Interchange)*
ETL	Extract, Transform and Load (ETL) - narzędzie wspomagające proces pozyskania danych dla baz danych, szczególnie dla hurtowni danych
FB	Facebook
HDFS	Hadoop Distributed File System
IoT	Internet rzeczy (*Internet of Things*)
TB	Terabajt

Spis tabel

Spis rysunków

Spis wykresów

Załączniki

Załącznik 1. Przychody firm w Big Data w 2013 roku w milionach USD

2013 Worldwide Big Data Revenue by Vendor ($US millions)

Vendor	Big Data Revenue	Total Revenue	Big Data Revenue as % of Total Revenue	% Big Data Hardware Revenue	% Big Data Software Revenue	% Big Data Services Revenue
IBM	$1,368	$99,751	1%	31%	27%	42%
HP	$869	$114,100	1%	42%	14%	44%
Dell	$652	$54,550	1%	85%	0%	15%
SAP	$545	$22,900	2%	0%	76%	24%
Teradata	$518	$2,665	19%	36%	30%	34%
Oracle	$491	$37,552	1%	28%	37%	36%
SAS Institute	$480	$3,020	16%	0%	68%	32%
Palantir	$418	$418	100%	0%	50%	50%
Accenture	$415	$30,606	1%	0%	0%	100%
PWC	$312	$32,580	1%	0%	0%	100%
Deloitte	$305	$33,050	1%	0%	0%	100%
Pivotal	$300	$300	100%	15%	50%	35%
Cisco Systems	$295	$50,200	1%	72%	12%	16%
Splunk	$283	$283	100%	0%	71%	29%
Microsoft	$280	$83,200	0%	0%	63%	37%
Amazon	$275	$70,000	1%	0%	0%	100%
Hitachi	$260	$89,999	1%	0%	0%	100%
CSC	$188	$14,200	1%	0%	0%	100%
CenturyLink	$175	$13,757	1%	0%	0%	100%
Google	$175	$59,767	1%	0%	0%	100%
Fusion-io	$173	$401	43%	90%	0%	10%
NetApp	$167	$6,450	3%	73%	0%	27%
Intel	$165	$52,708	1%	66%	21%	13%
EMC	$165	$23,222	1%	74%	0%	26%
Mu Sigma	$160	$160	100%	0%	0%	100%
TCS	$157	$11,570	1%	0%	0%	100%
Microstrategy	$144	$576	25%	0%	68%	32%
Actian	$138	$138	100%	0%	73%	27%
Booz Allen Hamilton	$125	$5,850	2%	0%	0%	100%
Opera Solutions	$124	$124	100%	0%	0%	100%

Red Hat	$109	$1,437	8%	0%	78%	22%
Capgemini	$104	$13,639	1%	0%	0%	100%
Informatica	$98	$948	10%	0%	82%	18%
MarkLogic	$96	$96	100%	0%	79%	21%
General Electric	$80	$146,000	1%	0%	75%	25%
VMware	$80	$5,207	1%	0%	79%	21%
Syncsort	$75	$75	100%	0%	97%	3%
Cloudera	$73	$73	100%	0%	53%	47%
SGI	$65	$667	10%	85%	0%	15%
MongoDB	$62	$62	100%	0%	56%	44%
Hortonworks	$55	$55	100%	0%	73%	27%
DDN	$54	$315	17%	81%	0%	19%
Guavus	$54	$54	100%	0%	61%	39%
Alteryx	$48	$48	100%	0%	90%	10%
1010data	$45	$45	100%	0%	0%	100%
Rackspace	$42	$1,520	3%	0%	0%	100%
TIBCO	$36	$1,069	3%	0%	64%	36%
MapR	$35	$35	100%	0%	77%	23%
Tableau Software	$33	$206	16%	0%	76%	24%
Qlik	$30	$467	6%	0%	73%	27%
Attivio	$29	$29	100%	0%	62%	38%
Juniper	$28	$4,669	1%	82%	0%	18%
DataStax	$26	$26	100%	0%	85%	15%
GoodData	$26	$78	33%	0%	0%	100%
Attunity	$23	$30	77%	0%	74%	26%
Fractal Analytics	$19	$27	70%	0%	0%	100%
Pentaho	$18	$38	45%	0%	76%	24%
Datameer	$17	$17	100%	0%	82%	18%
Couchbase	$17	$17	100%	0%	71%	29%
Basho	$16	$16	100%	0%	76%	24%
Kognitio	$15	$15	100%	0%	47%	53%
Sumo Logic	$14	$14	100%	0%	0%	100%
Jaspersoft	$14	$34	41%	0%	64%	36%
SiSense	$14	$14	100%	0%	79%	21%
Talend	$14	$57	25%	71%	0%	29%
Actuate	$13	$140	9%	0%	69%	31%

Revolution Analytics	$12	$12	100%	0%	67%	33%
Aerospike	$12	$12	100%	0%	92%	8%
Neo Technologies	$12	$12	100%	0%	67%	33%
Digital Reasoning	$11	$11	100%	0%	64%	36%
Tresata	$10	$10	100%	0%	90%	10%
Rainstor	$10	$10	100%	0%	70%	30%
Think Big Analytics	$10	$10	100%	0%	0%	100%
ODM	$3,800	n/a	n/a	100%	0%	0%
Other	$3,030	n/a	n/a	27%	20%	53%
Total	**$18,607**	**n/a**	**n/a**	**38%**	**22%**	**40%**

Źródło: J. Kelly, Big Data Vendor Revenue and Market Forecast 2013-2017, op. cit.

Załącznik 2. Ankieta

Narzędzia Big Data wykorzystywane w polskich firmach

Szanowni Państwo,

Jestem studentką jednorocznych studiów podyplomowych „Inżynieria Danych – Big Data" w Szkole Głównej Handlowej. Obecnie piszę pracę podyplomową na temat „Praktyczne zastosowania narzędzi Big Data do analizy danych rozproszonych o konsumencie".

Big Data rozumiem jako zbiór danych napływających szybko, strumieniowo, złożony, charakteryzujący się znaczącą dynamiką przyrostu, o dużej różnorodności, pochodzący zarówno z tradycyjnych baz danych, np. funkcjonujących w firmach, które zawierają tzw. dane wewnętrzne, jak i z innych źródeł (np. dokumentów, e-maili, blogów, mediów społecznościowych (np. Facebook, Twitter), różnego typu czujników elektronicznych, urządzeń lokalizacyjnych, np. GPS). Dane te mają zarówno strukturę określoną, jak i nieokreśloną.

Przygotowałam poniższą ankietę o narzędziach Big Data w celu zebrania niezbędnych informacji do napisania pracy. Lista występujących poniżej narzędzi nie jest wyczerpująca.

Będę bardzo wdzięczna, jeśli poświeci Pan/i kilka minut na wypełnienie kwestionariusza. Jest on anonimowy i będzie wykorzystany tylko dla celów naukowych.

Z góry bardzo dziękuję za poświęcony czas i pomoc.

1. Płeć:

- Kobieta
- Mężczyzna

2. Wykształcenie:

- Podstawowe
- Gimnazjalne
- Średnie ogólnokształcące
- Średnie zawodowe
- Policealne
- Niepełne wyższe
- Wyższe

3. Wielkość przedsiębiorstwa, w którym jest Pan/i zatrudniony/a:

- Małe (do 50 osób)
- Średnie (51-250 osób)
- Wielkie (powyżej 250 osób)

4. Rodzaj branży, w której Pan/i pracuje:

- Bankowość/finanse
- Ubezpieczenia
- Telekomunikacja
- Elektronika/High-Tech/IT-firmy informatyczne
- Farmacja
- Handel detaliczny/FMCG/handel hurtowy/dystrybucja
- Sektor publiczny
- Media/reklama
- Media społecznościowe
- Transport
- Energetyka
- Przemysł/produkcja
- Edukacja/szkolenia/nauka
- Inna:

5. Z jakich narzędzi ETL (ang. Extract, Transform and Load) wspomagających proces pozyskania danych rozproszonych dla baz danych, korzysta Pan/i obecnie w pracy?

- Ab Initio
- HP Vertica
- IBM
- Informatica
- Kalido
- Microsoft
- Mulesoft
- Oracle
- Palantir
- Pentaho
- Pervasive Software
- SAP
- SAS
- Pervasive Software
- SnapLogic
- Splunk
- Syncsort
- Talend
- Tibco
- Inne:

6. Z jakich narzędzi/systemów do Business Intelligence i dużych hurtowni danych (BI Appliances and VLDW - very large data warehouse) korzysta Pan/i obecnie w pracy?

- Actian
- ADBMS
- EMC
- Kognitio
- HP Vertica
- IBM (Netezza)
- Microsoft
- Oracle
- ParAccel
- SAS
- SAP
- Teradata Aster
- Inne:

7. Z jakich narzędzi do gromadzenia danych i baz typu No SQL/ New SQL korzysta Pan/i obecnie w pracy?

- Amazon Web Services
- Basho (Riak)
- Cassandra
- Cloudant
- CouchDB
- Hadoop dystrybucja Cloudera
- Hadoop dystrybucja Hortonworks
- Hadoop dystrybucja MapR
- Hadoop inna dystrybucja
- HP Vertica
- Hypertable
- IBM
- MapR
- Marklogic
- memsql
- Microsoft
- MongoDB
- Neo4J
- Oracle
- Palantir
- Pivotal
- SciDB
- Sparsity
- Splunk

- SQLFire
- Sqrrl
- Teradata
- VoltDB
- ZL Technologies
- Inne:

8. Z jakich narzędzi do zarządzania danymi (Data Governance) korzysta Pan/i obecnie w pracy?

- Adaptive
- HP Vertica
- IBM
- Informatica
- Kalido
- Microsoft
- Orchestra Networks
- Oracle
- Palantir
- Pentaho
- SAS
- SAP
- Talend
- Tibco
- Inne:

9. Z jakich narzędzi do analizy danych (Analytics) korzysta Pan/i obecnie w pracy?

- Adobe
- Alpine Data Labs
- Datameer
- Digital Reasoning
- Ensighten Anametrix
- EMC
- Good Data
- HP Vertica
- Hive
- IBM (IBM SPSS)
- Infosys Edge
- Informatica
- Karmasphere
- Kinaxis
- Kognitio
- Kxen
- Lattice Engines

- Mahout
- Net Base
- Opera Solutions
- Oracle
- Palantir
- Pentaho
- Pervasive
- Pig
- Platfora
- Precog
- Python
- R
- Revolution Analytics
- SAS
- SAP
- Spark
- Statsoft (Dell)
- Teradata
- VMware
- Inne:

10. Jakie dane poddaje Pan/i analizie?

- Systemy wewnętrzne firmy
- Zachowanie użytkowników na stronach internetowych firmy
- Dane pochodzące z aplikacji mobilnych
- Źródła pozyskiwania klientów
- Zachowania w mediach społecznościowych
- Rozmowy z konsultantami
- Korespondencja e-mail
- Wpisy na forach internetowych
- Położenie geograficzne
- Internet rzeczy/przedmiotów
- Inne:

11. Jakiego typu analizy prowadzi obecnie Pani/Pana firma?

- Lepsze zrozumienie potrzeb klientów
- Budowanie wartości klienta
- Zapobieganie odejściom
- Optymalizacja sieci usług, punktów dostępu
- Optymalizacja wyglądu stron internetowych
- Optymalizacja aplikacji
- Wykrywanie nadużyć
- Inne:

12. Jakiego typu analizy zamierza wdrożyć Pani/Pana firma w najbliższym czasie?

- Lepsze zrozumienie potrzeb klientów
- Budowanie wartości klienta
- Zapobieganie odejściom
- Optymalizacja sieci usług, punktów dostępu
- Optymalizacja wyglądu stron internetowych
- Optymalizacja aplikacji
- Wykrywanie nadużyć
- Inne:

13. Z jakich narzędzi do Business lntelligence i wizualizacji danych (visualization) korzysta Pan/i obecnie w pracy?

- Actuate
- Asterop
- Birst
- Dassault
- Domo
- Ersi
- Good Data
- Google
- IBM
- Information Builders
- Jaspersoft
- Microstrategy
- NeutrinoBI
- LogiXML
- Microsoft
- Oracle
- Palantir
- Panoptican
- Panorama
- Pentaho
- Pivotal
- Qliktech (QlikView)
- Roambi
- SAP
- SAS
- SpagoBI
- Tableau
- Tibco
- Inne:

14. Czy jest Pan/i zadowolony/a z obecnych narzędzi/oprogramowania Big Data (czy dobrze spełniają swoją funkcję)?

- Tak
- Nie

15. Czy rodzaj stosowanych narzędzi/oprogramowania Big Data zmieniał się w ciągu ostatnich kilku lat?

- Tak
- Nie

16. Jeżeli tak, z jakiego powodu?

- Pojawiły się inne lepsze narzędzia/oprogramowanie
- Pojawiły się tańsze narzędzia/oprogramowane
- Inne (proszę napisać, jakie)

17. Czy planuje Pan/i zmianę stosowanego narzędzia/oprogramowania Big Data w najbliższym czasie?

- Tak
- Nie

18. Jeżeli tak, z jakiego powodu?

- Pojawiły się inne lepsze narzędzia/oprogramowanie
- Pojawiły się tańsze narzędzia/oprogramowanie
- Inne (proszę napisać, jakie)

19. Czy dostrzega Pan/i jakieś trendy w obszarze narzędzi Big Data?

- Tak
- Nie

20. Jeżeli tak, proszę napisać, jakie:

21. Na jakie działy w Państwa branży ma największe przełożenie rodzaj wykorzystywanych narzędzi Big Data?

- Marketing i sprzedaż
- Finanse i controlling
- Bezpieczeństwo (np. wykrywanie incydentów)
- Inne (proszę napisać)

22. Skąd Pan/i czerpie wiedzę o dostępnych narzędziach/oprogramowaniu Big Data?

- Sprzedawcy sprzętu/oprogramowania
- Konferencje branżowe
- Eksperci/ludzie z branży
- Internet
- Inne (proszę napisać)

23. Wszelkie uwagi/komentarze, co do ankiety / tematu Big Data - lub z kim mogłabym się jeszcze skontaktować - są mile widziane:

24. Pan/i adres e-mail @ do ewentualnego kontaktu:

Źródło: Opracowanie własne.

Kolibri 360 GmbH
Ferdinand-Jühlke-Straße 7
99095 Erfurt, Deutschland
produktsicherheit@kolibri360.de

Druck:
CPI Druckdienstleistungen GmbH
im Auftrag der
Kolibri 360 GmbH
Ferdinand-Jühlke-Str. 7
99095 Erfurt